L_m^o 842

PRÉCIS HISTORIQUE

DE

LA MAISON DE SAVOIE

ET DU PIÉMONT.

PRÉCIS HISTORIQUE

DE LA MAISON DE SAVOIE

ET DU PIÉMONT,

ADRESSÉ

AU GÉNÉRAL JOURDAN,

CONSEILLER D'ÉTAT, ADMINISTRATEUR GÉNÉRAL ;

PAR LE C^N. CHARLES BOTTA,

CI-DEVANT MEMBRE DU CONSEIL DE L'ADMINISTRATION GÉNÉRALE DE LA 27e. DIVISION MILITAIRE.

A PARIS,

DE L'IMPRIMERIE DE MARCHANT, RUE DU PONT DE LODI.

AN XI — 1802.

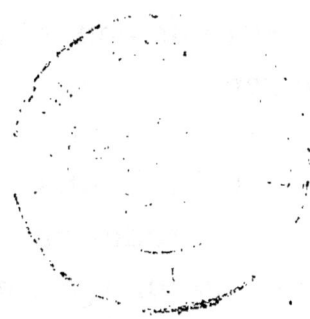

PRÉCIS HISTORIQUE

DE

LA MAISON DE SAVOIE

ET DE PIÉMONT,

ADRESSÉ AU G.RAL. JOURDAN,

CONSEILLER D'ÉTAT, ADMINISTRATEUR GÉNÉRAL,

PAR LE C.N. CHARLES BOTTA,

CI-DEVANT MEMBRE DU CONSEIL DE L'ADMINISTRA-
TION GÉNÉRALE DE LA VINGT-SEPTIÈME DIVISION
MILITAIRE.

Turin, 14 Thermidor an X.

Vous avez désiré de connoître, citoyen Administrateur général, les commencemens et les progrès de la domination des ducs de Savoie dans les différentes contrées du Piémont, et les vicissitudes que ce pays a subies depuis la révolution. Quoique mon dessein n'ait été d'abord que de décrire rapidement ces différens sujets, cependant je me suis déterminé à entrer dans quelques détails relativement à l'histoire de la Maison de Savoie.

I

J'ai cru que ces détails pourroient vous être agréables, attendu qu'ils n'existent pas, que je sache, dans aucun cours suivi d'histoire; et que d'ailleurs ils sont, de leur propre nature, curieux et intéressans. Vous y verrez de quelle manière cette Maison, tantôt par la force des armes, tantôt par celle de la politique, tantôt par des mariages habilement ménagés, tantôt enfin par des déditions spontanées de peuples qui espéroient par là de se soustraire à de plus grands maux, a étendu progressivement sa domination sur tous les pays qu'elle gouvernoit avant la guerre de la révolution. J'ai voulu comprendre, dans ce tableau, non seulement les pays qu'elle possède encore, mais aussi ceux qu'elle a perdus à différentes époques, pour que vous puissiez avoir sous vos yeux un apperçu complet de faits historiques concernant cette Maison célèbre. Ces faits sont irrécusables; car ils sont tirés des titres existant dans les archives publiques, qu'on peut compulser à tout moment. J'aurois désiré de vous tracer ce tableau historique suivant les dates des évènemens; mais ces évènemens sont si multipliés et si compliqués, et le temps que vous m'avez prescrit est si court, que j'ai été obligé de les ordonner par ordre alphabétique, suivant les différens pays qui ont été soumis successivement à la domination de la Maison de Savoie (1).

AOSTE.

Il est de la dernière probabilité que le duché d'Aoste a été compris dans la donation que l'empereur Conrad, dit *le Salique,* a faite au comte Umbert I, parce qu'il paroît, par ses vieux parchemins, que ce duché a fait partie du royaume de Bourgogne. On voit par là combien peu de confiance mérite l'opinion de ceux qui pensent qu'il est parvenu à la Maison de Savoie, en vertu du mariage d'Adélaïde de Suse qui l'a possédé avec Oddon, duc de Savoie; car on trouve depuis l'an 1040 les titres qui prouvent la souveraineté de cette Maison sur ce duché. Telle est, par exemple, la donation faite par le comte Umbert Ier. aux chanoines de la cathédrale de

---

(1) Ce travail ayant été rédigé à la hâte, on a dû nécessairement y réparer, dans la suite, quelques omissions et quelques incorrections qui s'y étoient glissées.

1. *

la cité d'Aoste, du lieu de Berbey ; donation qui est datée des cloîtres de cette église, en présence de ses barons.

Les habitans de la province croient s'être donnés spontanément au comte Thomas, en 1191 ; mais si on examine attentivement l'acte de dédition, on trouve que ce n'a été qu'une remise de charges faite par ce prince au duché, par égard aux désastres qu'il avoit soufferts.

En 1232, la souveraineté appartenoit incontestablement au comte Thomas ; car, par acte du dix août de la même année, Boson, vice-comte d'Aoste, reconnut de tenir et posséder le vice-comté dudit comte ; et il s'est obligé, pour lui et ses descendans, de payer au même ou à ses héritiers la somme de 17000 sous de Suse, à chaque nouvelle succession.

Cette obligation a été confirmée en faveur du comte Amé, fils du comte Thomas, par le même Boson, le 3 juillet 1237.

Ceci est encore confirmé par les déclarations que firent Gottifred, vice-comte d'Aoste, Aymon, et Boson, ses frères, le 14 janvier et 19 décembre 1242, et Ebal, vice-comte, le 20 octobre 1277, de tenir en fief, du comte Amé susdit, le vice-comté d'Aoste avec tous les revenus qu'ils avoient dans la vallée. Ledit Aymon a été le premier qui prêta le serment de fidélité au comte Philippe de Savoie, le 19 février 1277; et, après lui, un grand nombre d'autres vassaux de la vallée l'ont prêté également en 1287. Cependant il restoit encore quelque jurisdiction dans les successeurs dudit Boson Ier. Le comte Amé V l'a entièrement rachetée par le contrat d'échange passé avec Ebal, et Gottifred, et Aymon, et ses fils; par lequel contrat il leur a cédé en fief le château de Montjovet, le 15 septembre 1295.

ALEXANDRIE.

Les provinces d'Alexandrie et de Valence, avec les terres situées entre le Pô et le Tanaro, de la Lomelline et de la vallée de Sesia, et leurs dépendances, ont été cédées au roi Victor Amé par l'empereur Léopold, en vertu du traité de la Ligue, du 8 novembre 1703. L'empereur Joseph Ier, du consentement du roi Charles III, son frère, lui en a accordée l'investiture pour lui, ses enfans,

et ses descendans ou successeurs mâles , qui ,
suivant l'ordre de la primogéniture , devoient
succéder au 'gouvernement. Ces investitures
ont été données aux mêmes conditions , auxquelles les empereurs les avoient données au
roi d'Espagne Philippe II.

A s t i.

Le comté d'Asti a été donné en fief par
l'empereur Louis VII au comte Amé V ,
et à ses enfans mâles , tant à naître de son
mariage avec Marie , sœur dudit empereur ,
que d'un autre mariage , avec la condition
du rachat , dans le cas où il n'y eût point
d'enfans mâles de la ladite Marie , moyennant la somme de 200,000 florins d'or , qui
devoient être employés dans l'acquisition de
terres situées hors de la Savoie , et l'obligation de fournir, toutes les années , en Italie ,
et à ses propres frais , deux mille chevaux au
service de l'Empire. Cet acte est du
1313.

Cependant cette donation n'eut point d'effet ; car les habitans d'Asti s'opposoient à la
volonté de l'Empereur, dont ils reconnoissoient

cependant la souveraineté. Ils alleguèrent, que ladite donation lésoit les droits que Jean Galéasse Visconti, duc de Milan, avoit sur le comté d'Asti. Ils lui en firent ensuite la dédition spontanée, et lui prêtèrent le serment de fidélité le 12 mars 1379.

Le comté passa ensuite dans la Maison de France, en vertu du mariage entre Louis, duc de Touraine, fils de Charles V, roi de France, avec Valentine Visconti, fille dudit Galéasse, duc de Milan, qui la lui a accordée en dot par contrat du 27 janvier 1386. Cependant le roi de France, François Ier, dans le chap. VIII du traité de Madrid, du 14 janvier 1525, renonça à tous ses droits sur ledit comté, en faveur de l'empereur Charles V. Mais dans le chap. XIII du traité dit de la *Sainte Ligue*, du 22 mai 1526, contre le même Empereur, il a été convenu que le comté d'Asti seroit rendu au roi François, comme pays séparé du duché de Milan, et ancien patrimoine de la Maison d'Orléans ; et cela pour être réellement remis au duc d'Orléans, son fils, lorsqu'il seroit parvenu à son âge légitime. Cependant l'empereur Charles V, par ses réponses données de Pallance, les 10,

15, 20 et 27 septembre 1527, aux ambassadeurs dudit roi François, sur le traité sus-énoncé de Madrid, a persisté sur l'exécution de ce traité, relativement à la renonciation du comté d'Asti. Conséquemment, dans le chap. XXIII, du traité de Cambrai, du 8 août 1529, il a été convenu que le roi François Ier le remettroit, dans le terme de six semaines après la ratification du traité, entre les mains de Charles V, ou de ses commissaires, pour lui, ses successeurs ou ayant cause, à perpétuité. La remise a été exécutée ponctuellement le 10 décembre 1529.

Le titre, en vertu duquel le comté d'Asti est parvenu effectivement à la Maison de Savoie, a été la donation que Charles V en fit par son diplôme du 3 août 1531, à l'Infante Béatrix de Portugal, sa belle-sœur, et épouse du duc de Savoie, Charles III, pour lui et ses successeurs mâles, à perpétuité, en conservant l'ordre de la primogéniture.

Dans cette donation étoit contenue une substitution en faveur des enfans mâles ou femelles du roi des Romains, Ferdinand, frère de l'Empereur, avec le même ordre de primogéniture dans le cas que la ligne directe et masculine de ladite duchesse Béatrix vînt à manquer.

La Maison de Savoie avoit aussi un titre particulier sur les dix-sept villages possédés par l'église d'Asti, en vertu de l'échange que l'évêque d'Asti, Jean Ayazza, en fit avec le duc Charles Emmanuel Ier. contre le fief de Montclair, et 2000 écus d'or, qui lui ont été assurés sur le produit du canal de Bra, par contrat du 10 mars 1611, approuvé et ratifié comme utile et avantageux à l'église d'Asti, par les chanoines et le chapitre de cette église, le 30 janvier 1713.

BIELLE.

D'après quelques mémoires déposés aux archives, on suppose que Bielle et son territoire sont parvenus à la Maison de Savoie par dédition spontanée du 18 août 1379. Cette dédition a été faite, au nom de la province, au comte Amé VII par les syndics Pierre Musso et Martin Novellino. Le papier contenant cette dédition se trouve en fort mauvais état, et on peut y lire difficilement ; cependant on voit

que c'est un acte de ratification , en vertu duquel le conseil de Bielle et son district approu-
vent les pactes et conditions passés entre ledit
comte et les syndics , comme procureurs spécialement à cela délégués , au nom de la province , et contenues dans un acte du 6 août
1379. Quoique cet acte n'existe pas dans les
archives , cependant on peut croire que c'é-
toit un acte de dédition ; car dans l'acte de ratification , que nous venons d'indiquer , il est
dit qu'il sera utile et avantageux aux habitans
de cette province d'être sous la protection
et la domination dudit comte de Savoie.

Aussitôt que Bielle s'est soumise volontairement au comte Amé, un grand nombre d'autres villages suivit son exemple; Bioïlle, Graille,
Mortillingue, Mussan , Occep , Pollon, et Zu-
maille.

Le motif de ces déditions spontanées étoit
l'espoir d'être protégées par un souverain puis-
sant contre les dommages occasionnés par des
voisins, et notamment par l'évêque de Verceil.

Les autres pays, qui font partie actuellement
de l'arrondissement de Bielle , appartenoient
anciennement à la province de Verceil, et

sont parvenus sous la domination des ducs de Savoie avec le reste du Vercellais.

BELVÉDER.

La jurisdiction du fief de Belvéder étoit partagée entre plusieurs seigneurs en quarante-huit mois, dont seize appartenoient au comte Galvagne Guttare. Celui-ci a vendu la portion de sa jurisdiction au roi Victor Amé Ier. pour le prix de 200,000 livres, dont les intérêts à 5 pour cent ont été assurés sur le *tassot* d'Asti, Portocomero, Caneil, Celle, Tour d'Usson, Verrue, et *Settimo Turinais*, par acte privé du 16 juin 1697, réduit ensuite en acte public le 31 juillet de la même année. Cette acquisition fut approuvée par l'empereur Léopold, par son diplôme du 3 juin 1700, en vertu duquel il en a accordé l'investiture au Roi et à ses descendans, et successeurs légitimes à la couronne.

CHABLAIS.

Il n'existe point de documens, d'après lesquels on puisse connoître l'érection en duché du Chablais, ni l'époque à laquelle la Maison de Savoie en a fait l'acquisition. Cependant

par l'acte de réquisition, que le comte Guillaume de Genève fit, le 3 novembre 1252, au
comte Amé de Savoie, par lequel il le prie de
recevoir sous sa protection son fils aîné Rodolphe, et lui donne le titre de duc de Chablais, il paroît que cette maison étoit déja souveraine de ce pays dès le 13ᵉ. siècle. La même
vérité est démontrée par la donation faite par
ledit comte Amé, du mandement de Thonon,
à Boniface, son frère, archevêque de Cantor-
béry, en 1252. Ceci paroît donner quelque de-
gré de probabilité à ce que les auteurs des
chroniques anciennes de Savoie, et en particulier Quilman, auteur comtemporain de
l'empereur Conrad le Salique, ont écrit ; savoir, que cet Empereur ait fait une donation
du Chablais, et de la vallée d'Aoste au comte
Umbert Iᵉʳ., en récompense des services que
celui-ci lui a rendus contre ses rebelles de la
Bourgogne.

On pourroit supposer aussi avec quelque
fondement que les prédécesseurs du comte
Amé, savoir Thomas, son père, et Umbert,
son aïeul, commencèrent à y faire quelque
acquisition ; et qu'ensuite le même comte Amé,
aidé de ses frères Pierre et Philippe, qui pos-

sédoient le comté de Raumont, et autres lieux dans le pays de Vaud, en ont achevé l'acquisition.

COCONAT.

La souveraineté de Coconat appartenoit à la Maison de Savoie,

1°. Par donation faite par l'empereur Maximilien Ier. au duc Philibert, son gendre.

2°. En vertu d'un ordre dudit empereur aux comtes de Coconat, de prêter serment de fidélité au duc Philibert, en date du 10 septembre 1504.

3°. En vertu de confirmations faites par l'empereur Rodolphe au duc Charles Emmanuel Ier., le 31 mars 1588.

CONI.

Les habitans de la ville de Coni, ayant été protégés, en temps de guerre, par Galéasse Visconti, comte de la Vertu, et se trouvant abandonnés par le roi Robert de Sicile, dont dont on n'avoit point de nouvelles, par acte du 3 mars 1306, prêtèrent hommage et serment de fidélité audit Galéasse, et lui remirent les clefs des portes.

Le 10 décembre 1377, la ville de Coni, son gouverneur Ternis, et les sieurs Bolleris, se déclarèrent en faveur du comte Amé VI de Savoie.

Cependant le gouverneur de la province, François Bolleris, protesta solennellement contre cette détermination du conseil de ladite ville, et ordonna aux conseillers de s'abstenir de pareils actes, et de continuer dans la soumission due à leur souverain légitime.

Malgré cette protestation, il paroît que le conseil a persisté dans ses résolutions ; car dans une autre séance, qui a eu lieu le dernier jour du même mois, il a nommé ses députés pour se porter par devant le comte de Savoie, à l'effet de lui présenter les hommages de la ville de Coni.

La soumission a eu lieu réellement ; car il existe un ordre, daté du 30 août 1385, d'Otton, duc de Brunswich, à Luquin-Fausson, gouverneur de Coni, d'en remettre le château au comte Amé de Savoie, son neveu.

Le sénateur Louis *della Chiesa* écrit dans son Histoire du Piémont que l'acte de soumission de la ville de Coni audit comte Amé a eu lieu le 10 avril 1382, à Rivoli.

Par les lettres-patentes, du 28 avril, 1463, le duc Louis de Savoie réunit au *Vicariat,* soit mandement de Coni, les terres d'Andone, Vaudier, Entraque, Roschia, Roccavion, Rubilant, Lavaldis, Vermaguan, et Bourg-Saint-Dalmas.

DÉSANNE.

Ce fief appartenoit à la Maison Tisson, qui s'est éteinte en 1676 par la mort du comte Charles-François Marie. Le conseil aulique, par la sentence du 12 février 1683, en déclara légitime successeur le marquis de Crescentin.

Le marquis de Crescentin l'a aliéné en faveur du roi Victor Amé, par acte du 1er. octobre 1693, moyennant la somme de 12,000 *ducatons* effectifs, payables par la remise de 320 écus d'or sur le *tasso* de Crescentin. Le roi en obtint dans la suite l'investiture de l'empereur Léopold, qui la lui

accorda par son diplôme , du 6 novembre
1699.

FAUCIGNY.

Le comte Pierre de Maurienne a acquis
la province de Faucigny en 1233 , par son
mariage avec Agnès, fille unique, et héritière d'Aimon, dernier des seigneurs de cette
province. Agnès en fit donation à son mari,
le 16 novembre 1262. De ce mariage est
née la seule fille Béatrix, qui a épousé dans
la suite Guide Dauphin. Le Faucigny passa
en conséquence sous la domination d'Ugues
Dauphin, fils de Béatrix, avec obligation cependant de prêter serment de fidélité aux
comtes de Savoie. Effectivement ladite Béatrix, et son fils Ugues, prétèrent ce serment
le 15 novembre 1308 , et le 8 octobre 1309.

Lorsque le Dauphiné est passé sous la domination de la France, le Faucigny a été
de nouveau cédé au comte de Savoie Amé VI
par le roi Jean de France, et Charles Dauphin , son fils aîné, avec la réserve de l'hommage et de la fidélité audit Dauphin, en
vertu du traité d'échange du 5 janvier 1353.

*Elle avoit un bel Homme dans Béatrix, marié
au Sie. de Villars qui a fait assez de bruit par les Demêlés avec
la même Belle fille la gde Dauphine Béatrix.*

Cependant ces obligations d'hommage et
de fidélité ont été remises au duc Louis,
par le Dauphin, fils aîné du roi charles VII,
par transaction du 3 juin, 1445, moyennant la somme de 14 écus d'or, quittance
de 3 *ducatons* à lui prêtés, et cessions des
droits et raisons, appartenant audit duc, sur
les comtés de Valence et de Die, dépendam-
ment du testament de Louis de Poitiers,
comte de valence, daté du 22 juin, 1419.

FIEFS IMPÉRIAUX.

L'empereur Ferdinand II, par son décret
du 21 mars 1631, déclara en faveur du duc
Victor Amé I, que, dans le cas que celui-ci
eût fait des acquisitions dans les Fiefs Impériaux situés près de ses états des vassaux qui
les possédoient, il n'auroit point fait d'opposi-
tion. Le duc Charles Emmanuel I, père dudit
Victor Amé, avoit déjà acheté en 1569, par
contrat du 13 juillet, la seizième partie de
Novel, Montclair, Montfort, Sinnio, et Cas-
tellet d'Annibal Carret, pour le prix de seize
cents écus d'or ; par contrat du 17 mars 1586,
la quatrième partie du tout, et du neuvième

2

de l'autre quart de Melquior Carret, pour le prix de mille écus d'or; un huitième et un douzième de François Carret, pour le prix de six mille huit cent quarante écus d'or ; et un douzième, et une autre neuvième partie du quart de Jules Carret, pour le prix de quatre mille écus d'or ; également par acte du 30 septembre 1610, il a acheté de Frédéric Carret la moitié d'une autre huitième partie pour le prix de six mille écus d'or. L'Empereur reconnut toutes ces aliénations, et toutes celles qui ont été faites par la Maison de Carret en faveur de la Maison de Savoie. En conséquence, il ordonna au duc de Guastalla, son Commissaire général en Italie, de mettre le duc de Savoie en possession desdits fiefs, à condition cependant qu'il ne mît point d'obstacle au passage des troupes du roi d'Espagne sur le territoire des mêmes fiefs. Le duc de Savoie ayant promis d'accorder ce passage de l'état de Milan au marquisat de Final, l'Empereur confirma, par son diplôme du 16 août 1634, la concession des fiefs susdits en faveur du duc de Savoie, ainsi qu'il l'avoit déjà accordée par son décret du 20 septembre 1631 : la prise de possession n'a eu lieu que le 12 janvier

1727, à cause des nouveaux délais occasionnés par quelques prétentions du roi d'Espagne.

FOSSAN.

La province de Fossan s'est soumise à Philippe de Savoie, prince d'Acaye, par acte de dédition volontaire du 27 avril 1334. Cependant Robert, roi de Sicile, qui s'intituloit aussi comte de Piémont, et les Visconti de Milan, prétendoient avoir des droits de souveraineté sur Fossan. C'est pourquoi le prince Jacques, fils dudit Philippe, consentit à recevoir l'investiture en fief de la ville et du district de Fossan, et de lui prêter serment de fidélité, ainsi qu'il fit le 20 janvier 1336. Le même prince Jacques en reçut également l'investiture de Jean Visconti, archevêque de Milan, et de Mathée Bernabo, et Galéasse Visconti, fils d'Etienne Visconti, duc de Milan ; et il lui a prêté serment de fidélité. Mais enfin Galéasse a été forcé de renoncer à toute espèce de souveraineté en faveur du comte Amé de Savoie, par acte du 30 décembre 1362, et 22 novembre 1367. Ces mêmes actes portent aussi la cession absolue en faveur

2 *

dudit comte de Cavalermajor, et Sommerive du Bosc.

F R I N Q.

Le fisc impérial, par sentence du...... ayant privé les marquis de Frinq de leur marquisat, l'Empereur l'a donné à un des descendans du comte Mollart Ferdinand Ernest qui, par contrat du 18 mars 1711, a confirmé la cession faite par son bisaïeul au duc Charles Emmanuel I., le 14 janvier 1614, moyennant la somme de cinq mille louis d'or, qui lui ont été payés, ainsi qu'il résulte de la quittance du même jour. L'empereur Charles VI en donna l'investiture au roi de Sardaigne.

G E N E V O I S.

Le comté de Genève, qui comprenoit aussi la ville de Genève, eut ses seigneurs particuliers, qui s'intituloient Comtes de Genève. Ils jouirent de la souveraineté dudit comté jusqu'en l'an 1252, où le comte Guillaume invita le comte Amé de Savoie de recevoir sous sa protection son fils aîné Rodolphe, en promettant de lui prêter serment de fidélité : ce qui eut lieu le 14 août 1263.

Un autre titre de la Maison de Savoie sur le comté de Genève est le testament d'Ebal, fils d'Umbert, comte de Genève, par lequel il a institué héritier le comte Pierre de Savoie, dans ses raisons et droits contre Rodolphe et ses frères, sur ledit comté et sur l'héritage de son père. Ce testament est du 12 mai 1259.

Les ducs de Savoie profitèrent habilement des dissensions qui régnoient entre les comtes et l'évêque de Genève; et ils augmentoient tous les jours leur autorité. Les comtes de Genève continuèrent toujours à leur prêter serment de fidélité. Le comte Guillaume le prêta au comte Amé, le 28 octobre 1308; le comte Amé de Genève, au comte Aymon de Savoie, le 13 novembre 1329, etc., etc. Enfin, tous les enfans mâles de la Maison de Genève étant morts, il n'en resta que Marie, épouse d'Umbert de Villars, et ensuite Oddon leur fils. Celui-ci en prit l'investiture du comte Amé de Savoie, le 23 septembre 1400, à condition que, s'il mouroit sans enfans mâles, le comté lui seroit entièrement dévolu; enfin, par acte du 30 octobre 1401, il lui en fit la cession formelle, moyennant 45,000 fr. d'or, et deux fiefs.

La ville de Genève s'est soustraite à la domination du duc Charles III, surnommé le *Bon*, en 1535; et en embrassant la réforme de Calvin, elle s'est mise sous la protection des Cantons protestans suisses.

GORZEIGNE, CRAVENSANE, CARRET, ET ARQUEL.

Les ducs Victor Amé I, Charles Emmanuel I, et le roi Victor Amé, ont acheté, à différentes époques, ces fiefs de la maison Carret. L'empereur reconnut ces aliénations, et donna l'investiture en faveur du roi de Sardaigne, le 14 juillet 1726; l'empereur renonça également à toutes raisons et droits qu'il pouvoit avoir, en qualité de duc de Milan, sur ces terres, par acte du 26 février 1727. La prise de possession de la part du roi a eu lieu le 16 juin 1727.

MARO ET PRÉLA.

Les seigneuries du Maro, et de Préla, et leurs dépendances, ont été cédées au duc Emmanuel Philibert de Savoye, par Renée, fille de Claude, comte de Tende, marquis d'Ursé, moyennant le prix de six mille écus

d'or de revenu annuel, assuré sur Rivoli, et
sur des fiefs au delà des montagnes, par acte
du 12 juillet, et 16 janvier 1575.

Ledit Duc en prit possession le 27 novembre 1575 ; et les communes en dépen-
dantes lui prétèrent le serment de fidélité,
par acte du 1, 3 et 8 décembre, et du 16 mars
1577.

MAURIENNE.

La Maurienne est la province la plus an-
cienne de toutes celles qui formoient le domaine de la Maison de Savoie. On prétend
que la Maurienne est parvenue à cette maison
par donation de Rhodolphe III, roi de Bourgogne. Cependant on n'a aucun titre authentique. Seulement il paroît certain, par une
tradition non interrompue, que Berolde,
première tige de cette famille, qu'on dit fils
d'Hugues, duc de Saxe, la possédoit vers
l'année 1000. Il paroit que les évêques y
exerçoient une grande autorité ; et on a des
contrats de concessions faites par eux aux
comtes de Maurienne. Il en existe un du 2
février 1327, par lequel Eymon, évêque, ne

pouvant soutenir son autorité chancelante, s'associa le comte Odoard de Savoie.

MENTON.

Lucas Grimaldi prêta serment de fidélité pour Menton, au duc Amé VIII, le 15 avril 1418; Nicolas Grimaldi le prêta le 13 août de la même année.

Jean Grimaldi fit donation au duc Louis de Savoie, de la moitié de Menton, et de la moitié de Rochebrune, le 19 novembre 1448, et il en reçut de lui l'investiture. Le Duc lui assura un revenu de 200 florins d'or, sur la gabelle du sel de Nice. A la suite de cette investiture les successeurs des Grimaldi ont toujours prêté serment de fidélité aux ducs de Savoie, et reçu leur investiture de Menton et de Rochebrune, jusqu'en 1494, où Lucien Grimaldi prêta le dernier hommage le 14 mai.

Après cette époque ils prétendirent de n'être plus obligés, ni à prêter serment, ni à prendre l'investiture des ducs de Savoie. Le roi Victor en porta plainte au congrès d'Utrecht, et, en vertu d'un article du traité de ce nom, la décision de la contestation fut remise à Louis XIV, roi de France, et à Anne d'Angleterre. Leurs délégués, par sentence du 21 juin 1714, ont décidé que le prince de Monaco devoit reconnoître la souveraineté des ducs de Savoie, sur onze parties de Menton, et la totalité de Rochebrune, d'en prendre d'eux l'investiture, et de leur prêter serment de fidélité. En vertu de cette sentence le prince de Monaco, Antoine Grimaldi, en personne, prêta ce serment entre les mains du président Lombard Gourdon, procureur du roi, le 11 août 1716.

MONDOVY.

La ville de Mondovy ne recevant aucun secours du roi Robert de Sicile, son souverain, se soumit volontairement, par acte du 20 juin 1347, à Jacques de Savoie, prince d'Açaye, et lui prêta serment de fidélité, le 26 du même mois. Mais contrevenant ensuite au serment, elle se soumit à Jean, marquis de Montferrat, auquel elle prêta serment de fidélité le 20 mars 1369, et à son fils Théodore, le 11 février 1378. Elle a toujours continué d'être soumise aux mêmes maîtres, jusqu'à ce qu'en 1396, Amé de Savoie, prince d'Acaye, l'assiégea, et la força à se rendre par un traité signé sur le champ de bataille, le 12 juillet 1396.

MONTFERRAT.

Jolande, fille de Théodore, premier marquis de Montferrat, de la ligne Paléologue, épousa le comte Aymon de Savoie. Ils ont stipulé par le contrat dotal, en date du premier mai 1330, que, dans le cas d'extinction de la ligne masculine dudit marquis, tout le marquisat du Montferrat appartiendroit à ladite Jolande et à ses successeurs, à cause de dot, et d'augment de dot.

En outre, la duchesse Blanche, fille de Guillaume, frère de Jean Georges, marquis de Monferrat, et épouse du duc de Savoie, Charles I a laissé un seul enfant, Jean Amé de Savoie, qui a institué son héritier universel le duc Charles III, par son testament du 12 février 1519.

Enfin, par une donation du 27 janvier

1485, le marquis de Montferrat, Jean Jacques, céda au duc de Savoie, Amé, les
bourgs et villages du marquisat qui y sont
désignés.

En vertu du contrat dotal ci-dessus indi-
qué, Charles III prétendit que tout le Montferrat lui étoit dévolu, attendu que la ligne
des Paléologues s'étoit éteinte; et, en vertu du
testament énoncé, il prétendit qu'une partie
au moins du marquisat de Montferrat lui
appartenoit, comme servant d'hypotèque à la
dot de la duchesse Blanche, qui consistoit en
quatre-vingt mille ducats. Il réclamoit enfin la
possession des bourgs et villages du Montferrat, cédés au ducs de Savoie, par la donation du 27 janvier 1485.

Ces prétentions ont été combattues par les
Gonzagues, ducs de Mantoue, à cause que
l'un d'eux avoit épousé Marguerite, fille dudit Guillaume, frère de Jean Georges, marquis de Montferrat.

L'empereur Charles V, prononça à Gènes,
le 13 novembre 1536, une sentence en faveur
des ducs de Mantoue, quant à là première
prétention; quant à la seconde, il assigna à

payer les 80 mille ducats sur les biens allo-
diaux, meubles et immeubles du marquisat;
quant à la troisième, il maintint le duc de
Mantoue en possession desdits bourgs et villages, sauf à lui à les remettre au duc de Savoie, si autrement en étoit ordonné par un
jugement définitif, qui devoit avoir lieu dans
le terme d'une année.

Le duc de Savoie n'aquiesça point à cette
sentence, et il en demanda la révision. Cependant les choses en restèrent là. Seulement
dans les traités de Verceil, du 17 novembre
1614, et d'Asti du 1er. décembre de la même
année, les deux parties promirent de s'en
rapporter à la décision des arbitres qui seroient
nommés de part et d'autre.

Cette conciliation n'a pas eu lieu; et la guerre
pour la succession du Montferrat continuoit
toujours entre les ducs de Savoie et de Mantoue. Enfin, par le traité de Suze, du 11 mars
1629, le roi de France, Louis XIII, promit
au duc Charles Emmanuel de Savoie, de lui
faire céder en propriété, par le duc de Mantoue, le bourg de Trin, avec 15 mille écus
d'or de revenu. Le duc de Mantoue consentit

et envoya des commissaires à cet effet. En dernier lieu, dans le traité de paix conclu à Ra-
tisbonne, le 13 octobre 1630, entre l'empereur
Ferdinand II et le roi de France Louis XIII,
on a assuré au duc de Savoie, pour ses prétentions sur le Montferrat, Trin et autres
terres du revenu de dix-huit mille écus d'or.
Cet arrangement a été exécuté en vertu du
traité de Quérasque, du 6 avril 1631. Des
terres, au nombre de soixante-treize, ont été
cédées en conséquence au duc de Savoie, dont
le revenu cependant ne s'élevoit qu'à quinze
mille écus d'or.

Après le démembrement de ces soixante-
treize terres, les ducs de Mantoue ont continué dans la possession tranquille du restant
du Montferrat jusqu'à ce que, ou par extinction de la ligne, ou pour crime de félonie
commis par le dernier duc de Mantoue, pour
s'être ligué en 1701 avec la France, contre
l'empereur Léopold, ainsi qu'on peut lire
dans le manifeste impérial publié contre lui,
le 2 juin 1708, il fut dévolu à l'empire avec le
duché de Mantoue.

L'empereur Léopold, par le traité de la Ligue

signé à Turin, le 8 octobre 1703, avec le roi de Sardaigne, céda à celui-ci, à perpétuité, le restant dudit Marquisat. Cette cession a été entièrement consommée par l'investiture que le roi en rapporta de l'empereur Joseph I, le 7 juillet 1708.

Le Montferrat comprenoit les deux arrondissemens de Casal et d'Acqui, et une partie de l'arrondissement d'Albe.

N I C E.

Le comté de Nice appartenoit à la reine Jeanne, fille aînée du roi Robert de Sicile, qui l'a instituée son héritière universelle, par son testament du 16 janvier 1343.

Cette reine est morte sans succession, de quatre mariages qu'elle a contractés. Cependant il a adopté d'abord Charles Duras, et ensuite le duc d'Anjou. L'un et l'autre de ces deux compétiteurs ont prétendu de succéder exclusivement.

La Maison de Savoie éleva aussi ses prétentions, attendu que le duc d'Anjou Louis avoit cédé, le 5 novembre 1419, en faveur d'Amé

VII, duc de Savoie, toutes les raisons et droits qu'il pouvoit avoir sur le comté de Nice , moyennant quittance de la somme de cent soixante mille francs d'or, que le duc Amé de Savoie avoit prêtés à Louis I , duc d'Anjou.

Outre cette cession particulière du comté de Nice, en faveur des ducs de Savoie , il existe d'autres cessions générales, tant dudit comté, que d'une grande partie du Piémont, de la part des successeurs de la reine Jeanne. Ainsi le fils adoptif de la même reine, en 1381, le 7 février , céda au comte Amé tous les droits qu'il pouvoit avoir sur tout le Piémont, excepté Demont , Asti , Quérasque , Albe , Alexandrie et Tortonne. Louvis XII, roi de France, après s'être ligué, le 11 juin 1499, avec le duc Philibert, pour la conquête du duché de Milan , renonça à toutes prétentions sur tous les Etats que le duc possédoit alors. FrançoisI , roi de France, en qualité de duc de Milan , seigneur de Gènes , et comte de Provence , renonça le 10 septembre 1523, au duc Charles de Savoie, toutes les raisons et droits qu'il pourroit avoir sur le comté de Nice et ses dépendances , ainsi que sur la ville de

Verceil et tous les Etats que ledit duc possédoit en deçà des monts.

ONEILLE.

La vallée d'Oneille a été concédée par Nicolas, évêqué d'Albingue, à Nicolas, et Frédéric Doria Génois, moyennant le prix de 10,000 livres de Gènes, par contrat du 30 janvier 1298. Les Doria continuèrent à les posséder jusqu'en 1576, où Jean Jérôme Doria la céda au duc Emmanuel Philibert, par contrat du 16, et 30 avril, pour le prix de quarante-un mille écus d'or de capital, et autres mille cinq cents écus de revenu annuel, assurés sur les lieux de Buriasque, Caraïlle, Bene, Bra, Carignan, Cirié, Villefranche, Cavalermajor, Vigon, et autres au choix dudit Jérôme Doria.

Les communes de la vallée, et les habitans, prêtèrent serment de fidélité au duc Emmanuel Philibert, le 28 mai 1576. Le Duc, en exécution du contrat céda, et remit audit Doria le château, et lieu de Cirié avec son territoire, et le lieu de Cavalermajor, pour un revenu de mille deux cent cinquante-cinq écus ; le château, et bourg de Mulassan, pour un revenu de 400 écus, et il lui donna l'investiture desdites terres , en érigeant dans le même temps Cirié en marquisat, et Cavaler-Major en comté.

PIGNEROL.

On prétend que Pignerol a été conquis par Bérolde , premier comte de Savoie. Cependant on ne trouve aucun titre concernant cet évènement ; ce qu'on sait de certain, c'est qu'il faisoit partie du marquisat de Suse, et qu'en conséquence il appartenoit à Adélaïde de Suse, dernier rejeton des marquis de Suse , qui a épousé le comte Oddon de Savoie.

Cependant il existe un acte de dédition de la part du conseil de Pignerol en faveur de Thomas, fils du comte Thomas de Savoie, qui a été la première tige de la Maison d'Acaye. Cet acte est du 12 mars 1246.

Pignerol et ses dépendances furent ensuite cédées par le duc Victor Amé Ier. au roi de France Louis XIII, par un traité secret qui a été signé à Quérasque, le 31 mars 1631. Il fut ensuite recouvré par le roi Victor Amé II, en vertu d'un autre traité conclu avec le même roi, le 28 août 1696.

QUIERS.

Avant la concession en fief des provinces de Turin et Ivrée, le comte Thomas reçut en fief Quiers et Testone de la part du roi des Romains Philippe II, par son diplome du 1ᵉʳ. juin 1207. Cependant ni le comte Thomas, ni ses successeurs, n'ont pu jouir tranquillement de la possession de Quiers, jusqu'à ce que ses habitans se sont soumis volontairement au comte Amé VI, et à Jacques de Savoie, prince d'Acaye : ils leur prêtèrent serment de fidélité, ainsi qu'on peut lire dans les actes du 19 mai 1347.

Un autre droit que la Maison de Savoie faisoit valoir sur Quiers, est celui provenant du mariage avec Oddon de Savoie d'Adélaïde, marquise de Suse, qui en a été incontestablement souveraine.

Il paroît, d'après un acte du 18 décembre 1338, que le roi Robert de Sicile exerçoit à Quiers quelque jurisdiction ; ce qui fait voir

que la concession faite par l'empereur Philippe II aux ducs de Savoie étoit sujette à
quelques contestations ; mais ces contestations
ont été définitivement terminées par la dédition
spontanée des habitans, qui a eu lieu en 1347.

S A L U C E S.

Mainfroid, marquis de Saluces, et Frédéric,
son fils, firent donation de ce marquisat au
comte Amé V de Savoie, en prirent de lui
l'investiture, et lui prêtèrent serment de fidélité, le 18 août 1305.

Cependant il s'éleva dans la suite des contestations entre les marquis de Saluces et les
comtes de Savoie ; et par une décision d'arbitres il a été convenu que les marquis de Saluces reconnoîtroient la souveraineté desdits
comtes, et leur prêteroient serment de fidélité. Cette décision est du 3 août 1363. L'empereur la confirma par son diplome du 12
mai 1365.

Cependant depuis 1369 jusqu'en 1404, il
s'éleva continuellement des contestations sur
le droit de souveraineté du marquisat de Saluces, entre le comte Amé IV et le duc

Amé VIII, le dauphin et ledit marquis. Le parlement de Paris déclara nuls les hommages prêtés aux ducs de Savoie, par arrêt du 10 mars 1390, et maintint en possession le marquis, sous l'hommage cependant dû au dauphin.

Le même parlement décréta, le 18 avril 1404, que les ducs de Savoie devoient rendre les pays dont ils étoient en possession, et qui faisoient partie du marquisat.

Cependant en 1375, le 11 novembre, l'empereur Charles V le concéda au comte Amé, comme dévolu à l'Empire.

Le roi de France, aussi Charles VI, en qualité de dauphin, dans le mois de juin 1401, remit l'hommage que le marquis lui devoit au même comte Amé. Mais au 13 août 1405, il publia contre le duc Amé VIII, le droit de représailles pour l'obliger à remettre les terres du marquisat qu'il occupoit. Enfin, le 2 janvier 1409, il céda pour la seconde fois audit duc l'hommage et la fidélité que les marquis de Saluces lui devoient. Ceux-ci prêtèrent le serment de fidélité au duc Amé IX, le 11 décembre 1466 ; à la duchesse Jolande, le 7 janvier 1478; au duc Philibert, le 26 mars 1479 ; et au duc Charles , le 17 janvier 1485.

L'empereur Charles V , de son côté, confirma à différentes époques les investitures que les marquis de Saluces avoient reçues des ducs de Savoie , et la donation faite du marquisat par Charles IV au comte Amé VI.

Malgré tous ses titres , la Maison de Savoie éprouvoit toujours des difficultés de la part des rois de France, dans la possession du marquisat de Saluces. Pour faire désister entièrement les rois de France de leurs prétentions, le duc Charles Emmanuel Ier. céda , en échange desdites prétentions , au roi Henri IV , la Bresse , Gex , Valromey , et le Bugey , par le traité de Lyon du 7 janvier 1601.

SARDAIGNE.

Par le traité d'Utrecht , le roi d'Espagne, Philippe, céda au roi Victor Amé, le royaume de Sicile, avec toutes les îles et dépendances.

Le même roi Philippe , par acte du 10 juin , et par le traité du 13 juillet 1713 , ratifié le 4 août suivant, céda formellement le royaume de Sicile et ses dépendances au roi Victor Amé, pour lui, ses enfans et descendants mâles; et, au défaut de ceux-ci, au prince de Carignan, et ses enfans ou descendants; et enfin, au défaut de ceux-ci, au prince Thomas, frère dudit prince de Carignan, et à ses enfans ou descendans mâles, avec retour à la couronne d'Espagne, au défaut des descendans susdits. Le roi Victor Amé jouit paisiblement du royaume de Sicile jusqu'au 5 juin 1718, époque à laquelle le roi d'Espagne s'en empara de vive force. Le traité de Londres, du 2 août 1718, mit fin à ces dissensions; car il a été convenu par ce traité que le roi d'Espagne auroit cédé les deux royaumes de Sicile et de Sardaigne à l'empereur, et que celui-ci remettroit la Sardaigne au roi Victor Amé. Cette cession a eu lieu le 8 août même année, et la remise au roi Victor s'exécuta par l'entremise du prince Don-Octavien, de la part de l'empereur, au général Des-Portes, délégué par ledit roi à l'effet de prendre possession du nouveau royaume.

SAVILLAN.

Par transaction du 1er. juillet 1320, entre Philippe de Savoie, prince d'Acaye, et Philippe, comte de Valois, au nom de Robert, roi de Sicile, ledit prince reçut en fief Savillan, Bra, Villeneuve, Châteauneuf, Bielle, Montmagne, avec leurs districts et dépendances.

A la suite de cette transaction, le prince d'Acaye prêta le serment de fidélité au roi Robert, le 31 juillet 1320; et les habitans le prêtèrent au prince, le 1er. août de la même année.

Mais le 6 du même mois, les habitans de Savillan et de son district se donnèrent volontairement audit prince Philippe, et lui cédèrent tous les droits de souveraineté, avec les clauses et conditions qui sont exprimées dans l'acte de dédition.

SAVOIE.

Quelques auteurs attribuent au comte Bérolde l'acquisition de la Savoie proprement dite, en vertu d'une donation qu'on suppose avoir eu lieu en sa faveur par Rodolphe III, roi de Bourgogne ; cependant nous n'avons aucun titre authentique sur cet objet.

Il existe cependant un contrat du mois de de mars 1232 , en vertu duquel Thomas, comte de Maurienne, acheta de Berlion de Chambéry la ville de Chambéry, moyennant le prix de 32,000 sous forts de Suse.

Il existe encore un autre contrat du 6 février 1295, en vertu duquel le comte Amé V acheta de François de la Rochette, et de Béatrix, sa femme, le château de Chambéry pour le prix de 100 livres de Vienne annuelles, assurées sur la Rochette, et Aiguebelle.

Par deux autres contrats, l'un du 3 mai 1298 , l'autre du 2 juin de la même année, ledit Amé a acquis la jurisdiction du pont Beauvoisin ; savoir, d'Anselme, et Guide-Rivoyre, pour la portion à eux appartenante, moyennant la somme de 600 livres de Vienne ; et de Berlion-Rivoyre, l'autre portion à lui appartenante, pour le prix de 1000 livres de Vienne de capital, et 17 livres de revenu annuel.

Les comtes de Maurienne ont aussi acquis par contrat du 15 janvier 1482 le Bourget ; par contrat du 12 janvier 1481 Chatelan ; par contrat du 13 mars 1506 Chevron ; Villet par contrat du 15 juin 1439 ; Domessin par contrat du 18 avril 1501 ; Miolans par contrat du 17 décembre 1523 ; de Montmeillan par contrat du 5 avril 1273, et du 7 mai 1578 ; de Rumilly par contrat du 20 juillet 1498.

Il est probable que le resté de la Savoie a été acquis par la Maison de Savoie de la même manière ; savoir par des contrats partiels. Mais il y a toute apparence que les minutes de ces contrats existoient dans les archives de Suse, que l'empereur Frédéric-Barberousse, par la haîne qu'il portoit à ladite Maison, a fait brûler entièrement en 1174.

SPINO, MARQUISAT.

Le marquisat de Spino a été acheté de l'empereur Charles VI par le roi Victor Amé, pour la somme de 350,000 florins, le 27 septembre 1724. La prise de possession a eu lieu le 12 février 1727.

On doit observer que le total de la dépense de l'acquisition pour le prix des droits, des lods, de chancellerie, et pour cadeaux faits aux ministres impériaux, et autres avaries, s'est monté à 423,223 florins.

Ce marquisat a été donné par le roi Victor Amé à la marquise de Saint-Sébastien, qui a été sa maîtresse, et la cause principale de tous ses malheurs.

S U S E.

Tous les auteurs, et particulièrement la chronique de la Novalaise, écrite par un auteur contemporain, attestent qu'Adélaïde de Suse étoit fille de Mainfroid, marquis de Suse; qu'elle a succédé à son père, et qu'elle a épousé le comte Oddon de Savoie, fils d'Umbert Ier. Ceci est encore confirmé par l'acte de fondation de l'abbaye de Pignerol, faite par elle le 8 septembre 1064, où elle se qualifie veuve du comte Oddon. On voit la même chose dans la donation faite de Berbey aux chanoines d'Aoste par Umbert Ier., où on lit la signature suivante: *Petrus Marchio filius Oddonis Marchionis, et Comitissæ Adelaidæ.* D'Oddon et d'Adélaïde naquit le comte Amé II, qui a été l'héritier universel de son père et de sa mère. Il est donc constaté que le marquisat de Suse et toutes ses dépendances sont parvenus à la Maison de Savoie par droit de succession de la part d'Adélaïde, dernier et unique rejeton du dernier marquis de Suse.

T A R A N T A I S E.

Avant l'an 1200, la Tarantaise, et spécialement la ville de Moutiers, résidence de l'archevêque, étoit soumise au pouvoir de ses archevêques; et il existe un privilége de l'empereur Henri VI, accordé à l'archevêque Aymon, en vertu duquel il lui a confirmé la jurisdiction de Moutiers, Briançon, et quatre villages, et quatre vallées de la même province.

Après l'an 1200, les comtes et ducs de Savoie firent peu à peu des acquisitions desdits archevêques, comme on peut le voir par les actes des années 1275, 1276, 1340, 1358, 1373, 1398, 1423, et 1430. L'archevêque Jean prêta hommage et serment de fidélité au comte Amé VI, en 1358.

Les salines qui y étoient exploitées dans les

temps les plus reculés ont été rétablies par le duc Emmanuel Philibert.

TENDE.

Le comté de Tende appartenoit à une branche de la famille Lascaris. Le dernier rejeton de cette branche a été une fille nommée Anne, qui épousa René, dit *le grand bâtard de Savoie*; elle lui fit acte de donation de tous ses biens, le 28 janvier 1501. De cette union naquit d'abord un premier fils, nommé Claude, comte de Tende; il en naquit ensuite un second, nommé Honoré, marquis de Villars. Claude a eu une fille unique, nommée Renée, qui a épousé le comte Jacques Urfé; elle posséda le comté, à exclusion d'Honoré, son oncle, et en qualité d'héritière du comte Claude, mort sans enfans mâles, et sans faire testament. Il s'éleva en conséquence des contestations sur la succession, entr'elle et son oncle Honoré : le château de Tende et le reste du comté furent remis, à titre de séquestre, entre les mains du baron de Breuil, gouverneur de Nice, au nom du duc Emmanuel Philibert, pour être remis ensuite à qui de droit. Le parlement d'Aix, par son arrêt du 13 septembre

1574, prononça en faveur du marquis de Villars : en conséquence, le pays lui fut remis ; et les habitans de Tende, Limon, et Vernant, lui prêtèrent le serment de fidélité, les 10, 11, 17, et 24 juillet 1575.

Le duc de Savoie, Emmanuel Philibert, traita pour l'acquisition du comté, et avec la marquise d'Urfé et avec le marquis de Villars, et ensuite avec sa fille et son héritière Henriette, qui avoit épousé Charles de Lorraine, duc de Mayenne.

Par contrat du 3 mars 1575, la marquise d'Urfé renonça à toutes ses prétentions sur Tende, Limon, Vernant, Oneille, et Vintimille, en faveur du duc Charles Emmanuel I, fils d'Emmanuel Philibert, moyennant la somme de 1,900 écus de revenu assuré sur des terres y désignées ; et de plus, moyennant une somme de 1,000 écus d'or, une fois payée.

Par le même contrat, Henriette, duchesse de Mayenne, renonça aussi à toutes ses prétentions sur ledit comté, en faveur du même duc Charles Emmanuel ; et elle a reçu en compensation les terres de Mirabel, érigées en

marquisat, d'un revenu de 1,600 livres; la seigneurie de Luette, d'un revenu de 1,200 liv.;
la terre de Monteillet, d'un revenu de 4,400 l.;
et autres terres, jusqu'à la somme de 4,000
écus d'or de revenu; et enfin, par contrat
du 16 août 1581, en paiement de la gabelle
du sel, elle reçut la somme de 12,800 écus
d'or.

TURIN, YVRÉE, *et leurs provinces.*

Ces deux provinces ont été cédées par l'empereur Frédéric II à Thomas III, fils du comte
Thomas de Savoie, par ses diplomes du mois
de novembre 1248, et de la manière qui se
trouve expliquée dans lesdits diplomes, savoir :

Par le premier, l'empereur lui cède la ville
de Turin et son pont, avec le château nou-
vellement bâti, Cavoret, Châteauvieux, Moncalier et son pont, et le château de Colegne.

Dans un autre, il lui cède la ville de Turin
et son pont, ses tours et munitions, la Bastie,
près du même pont, avec ses tours, et le Châteauvieux.

Dans un autre, Moncalier et son pont, munitions et tours, et le Châteauvieux.

Dans deux autres, il lui cède la ville d'Yvrée.

Dans un autre, le Cavoret, et dans un dernier pareillement la ville d'Yvrée, et le Cavoret.

Dans chacun de ces diplomes on lit les concessions dans les termes suivans : *Cum pertinentiis suis, de demanio in demanium, de servitio in servitium* audit Thomas et à ses enfans de l'un et l'autre sexe, à perpétuité, en fief direct, à condition que tant lui que ses héritiers reconnoissent tenir immédiatement de l'empereur concédant, et ses héritiers dans l'Empire, les pays et concessions susdites, et soient tenus de lui en rendre les services dus et les hommages de coutume.

L'empereur Guillaume, le 22 mai 1252, renouvela ces concessions au même comte Thomas et à ses héritiers des deux sexes ; savoir, il lui céda la ville et le pont de Turin, la *Bastie*, située près du pont, la ville et le pont de Moncalier, les domaines des châteaux de Rivoli, Colegne, Montesule, Châteauvieux,

Cavoret, le petit péage de Turin, tenu en fief de la part de l'empereur par les seigneurs de Piossasque, les fiefs de Bruin, Celle, et généralement et spécialement tous les allods, fiefs et domaines du Cavoret, et le château de Lance, avec toutes ses dépendances.

Ces concessions portoient dans le même temps l'ordre à l'évêque et au clergé de Turin, et aux comtes de Piossasque, de lui prêter hommage et reconnoissance.

Indépendamment des droits dont nous venons de parler, il paroît que les ducs de Savoie faisoient valoir sur Turin et sur la province de ce nom, le droit de succession d'Adélaïde de Suse ; car Turin faisoit aussi partie du marquisat de Suse. Cependant ce droit a toujours été vivement contesté par l'évêque et la ville de Turin.

La ville d'Yvrée dans le Cavoret a été aussi donnée par l'empereur Frédéric II au même comte Thomas, et son successeur Guillaume a confirmé cette donation dans le mois de mai 1252. Celui-ci envoya dans le même temps un ordre à part à l'évêque et au clergé de cette ville, de lui prêter hommage et obéissance.

Cependant comme il s'élevoit toujours des contestations de pouvoir avec la ville et son évêque , elles furent définitivement réglées, quant à la ville , par une transaction signée entr'elle et le comte Amé de Savoie, le 14 septembre 1313; et quant aux évêques, ils se sont peu à peu dessaisis de toute jurisdiction temporelle , en se réservant néanmoins trois ou quatre villages de la province. La ville et l'évêque prêtèrent serment de fidélité au duc de Savoie, le 12 mars 1548, et le 7 février 1550.

VALLÉES DE PRAGELAS, OULX, CÉSANNE, BARDONÊCHE , FORT D'EXILLES , CHATEAU-DAUPHIN.

Ces vallées et forts, avec tout le pendant des eaux des Alpes , vers les états du roi de Sardaigne , ont été cédés à ce roi par le roi de France , Louis XIV , en vertu du traité d'Utrecht du 11 avril 1713, et en échange de la vallée de Barcelonnette , que le roi de Sardaigne cédoit au roi de France.

On s'est déterminé de part et d'autre à ces cessions mutuelles pour fixer les limites des deux Etats , au pendant des eaux des Alpes.

4

On a statué dans le même temps que les plaines situées à leurs sommets seroient partagées par moitié entre les deux couronnes, par des commissaires à cela spécialement délégués. Cette opération devoit être terminée dans l'espace de quatre mois après la signature du traité. Cependant les commissaires n'ayant pu s'accorder entr'eux, les parties intéressées devinrent, le 14 avril 1718, a un autre traité, par lequel tous ces différents ont été définitivement réglés. Le roi de Sardaigne céda en outre au roi de France le pays du Mas, situé dans le comté de Nice. Les limites ont été ensuite fixées à l'amiable, conformément audit traité; savoir, vers Barcelonnette, le 31 août, et vers le Dauphiné, le 23 septembre 1718; ce qui est constaté par les procès-verbaux des commissaires délégués.

VERCEIL.

Le duc de Savoie Amé VIII, par sa lettre datée de Thonon, le 1er. août 1427, déclara la guerre à Philippe-Marie-Ange Visconti, duc de Milan. Philippe lui répondit dans des termes extrêmement graves, en lui faisant sentir qu'il eût été beaucoup mieux pour eux de vivre en bonne harmonie, attendu qu'ils étoient parens, et confédérés. Le conseil fut écouté, et le 2 décembre de la même année, les deux princes signèrent à Turin le traité de paix. Dans le même jour on signa un acte de mariage entre la fille du duc de Savoie et ledit duc de Milan. Dans la même occasion le duc Philippe fit donation à Amé VIII pour lui, ses héritiers et successeurs, de la ville et de la province de Verceil. Les mêmes commissaires signèrent tous ces différens traités. Le duc Philippe ratifia la donation le 8 du même mois. Il déclara en outre par acte du 14 octobre 1438, que par la donation ci-dessus il entendoit d'avoir cédé au duc Amé toute la jurisdiction qu'il pouvoit avoir sur tous les pays situés à la droite de la Sesia.

Il paroît que le motif d'une donation aussi ample et aussi subite de la part du duc de Milan a été pour détacher le duc de Savoie de la ligue que plusieurs princes avoient formée contre lui.

4 *

VIGEVANO, HAUT ET BAS NOVARAIS.

Vigevano et le haut Novarais ont été cédés au roi de Sardaigne ; par la Maison d'Autriche, en vertu du traité de Worms 1743 ; Novare et le bas Novarais en vertu de celui de Vienne 1738.

VINTIMILLE.

Le comté de Vintimille a été donné par la reine Jeanne de Sicile au comte Amé VI, en récompense des services qu'il lui a rendus dans la conquête du royaume de Naples. L'acte de donation est du 4 septembre 1364. Antoine Lascaris, comte de Vintimille, possesseur du comté, se conforma à cette disposition de la reine Jeanne, et prit l'investiture du comte Amé VI.

Cette donation a été ensuite confirmée le 4 juin 1466 par René, roi de Sicile, au duc Amé IX. Louis XI, aussi roi de France, renonça en faveur du même duc à toutes les prétentions qu'il avoit sur le comté, comme successeur immédiat de Louis d'Anjou, fils adoptif de ladite reine Jeanne, par acte du 6 septembre 1467.

Les Génois occupèrent une partie de ce comté, mais ils en furent chassés par le duc Louis, fils d'Amé VIII. Les ducs de Savoie en restèrent possesseurs tranquilles jusqu'en 1483, époque à laquelle les Génois s'emparèrent de nouveau de la ville de Vintimille, et de cette partie du comté qui fait encore partie actuellement du territoire de la république ligurienne.

Les princes de la Maison de Savoie s'intitulent *vicaires perpétuels du sacré Empire romain*. C'est une espèce de privilége accordé par les empereurs, qui consiste en ce que ces princes jouissent de la même autorité, jurisdiction, seigneurie, souveraineté dans les diocèses de leur dépendance, dont jouit l'empereur lui-même dans ceux qui sont soumis à sa domination ; ces priviléges ont été confirmés par les papes.

Le pape Nicolas V, par sa bulle du 10 janvier 1450, accorda au duc Louis de Savoie et à ses descendans, le droit de nommer aux bénéfices consistoriaux, et s'engagea à ne pourvoir les évêchés et abbayes, qui dépendent immédiatement du Saint-Siége, sans en avoir rapporté préalablement leur consentement, et à ne nommer que des personnes qui seroient agréés par eux.

Le pape Sixte IV, par sa bulle du 25 février 1474, accorda au duc Philibert le privilège qu'aucun étranger, qui ne fût réellement domicilié dans ses états, pût être nommé à aucun bénéfice ecclésiastique tant régulier, que séculier.

Ces priviléges ont été ensuite confirmés par un grand nombre de papes, et particulièrement par Jules II, et Léon X.

Les mêmes papes Jules II, par sa bulle du 8 mai, et Léon X, par son bref du 28 mai 1515, ont accordé aux princes de la Maison de Savoie le privilége que l'inquisition ne pourroit procéder à aucune arrestation, ni prononcer aucun arrêt contre leurs sujets, sans la participation des juges ordinaires.

Ce privilége salutaire a été cause que l'inquisition a toujours été bridée en Piémont, et qu'on n'y a jamais vu les scènes d'horreur qui ont ensanglanté d'autres pays.

Les princes de la Maison de Savoie, après

s'être assuré l'acquisition de leurs états , de la
manière que nous venons de décrire , se
sont occupés à différentes époques de leur
organisation. Vous connoissez, citoyen Administrateur - général , quelle étoit cette organisation , et le citoyen Chiabrera doit vous faire un
rapport détaillé sur l'ordre administratif qui
avoit lieu en Piémont, avant les changemens
qui y ont été opérés. Je ne m'étendrai donc pas
sur cet objet , et je suivrai la trace des idées que
vous avez bien voulu m'indiquer.

La révolution française devoit nécessairement avoir une grande influence dans les états
du roi de Sardaigne. Leur proximité , des intérêts particuliers de la Maison régnante avec
l'Angleterre , des liaisons de famille avec les
Bourbons, le caractère singulier du roi Victor,
l'ont déterminé à prendre une part active aux
grands évènemens dont la France étoit le théâtre. Les nombreux émigrés , qui venoient chercher un asyle en Piémont, parmi lesquels on
comptoit le comte d'Artois , le prince Condé ,
le marquis de Polignac , et un grand nombre
d'autres des premières familles de France, ont
aussi puissamment contribué à indisposer la

cour de Turin contre les changemens qu'on y opéroit. Le roi, sans expérience, ayant une confiance sans bornes dans ses troupes, avide de gloire militaire, incapable de calculer les conséquences de ses fausses démarches, et de démêler les avantages qu'il auroit pû retirer par une conduite habile dans une circonstance aussi extraordinaire, n'écoutant que son esprit chevaleresque, ne respiroit que la guerre, et renchérissoit encore sur les espérances des émigrés. Il jouissoit d'avance de la conquête du Dauphiné et de la Provence.

D'après ce système, tandis que, d'un côté, par des impositions extraordinaires, par des émissions répétées d'une quantité énorme de papier-monnoie, et d'une monnoie de billon et de cuivre dont la valeur réelle étoit à la valeur nominale dans la proportion d'un à trois, ou à quatre, il se préparoit les moyens de soutenir les frais de la guerre qu'il méditoit; de l'autre, par des levées nombreuses de troupes il se ménageoit les moyens de la poursuivre vigoureusement. De nombreux régimens, des munitions de toute espèce, passoient les Alpes pour aller garnir la Savoie, et le pays de Nice.

Le fort de Montmeillan se réparoit contre la foi des traités : tout étoit préparé ; et il ne manquoit que l'ordre de marcher pour envahir le territoire du Dauphiné, et de la Provence. Le Gouvernement de France, pour amener le roi de Sardaigne à une démarche décisive, et peut-être espérant encore de le ramener à des sentimens pacifiques, nomma le citoyen Semonville, alors ministre de France à Gênes, son ambassadeur extraordinaire à la cour de Turin. Cet ambassadeur part, et arrive à Alexandrie pour se rendre à Turin. Le gouverneur de la ville lui fait signifier qu'il ne peut poursuivre son voyage, et qu'il attend de nouveaux ordres de la cour. Après quelques heures de délai, on lui signifie de sortir des états du roi. Alors le Gouvernement Français prit un parti décisif, et le ministre des relations extérieures, Dumourier, fait déclarer la guerre au roi de Sardaigne.

Le général Montesquiou, qui commandoit le camp de Barraux, entre dans la Savoie ; et le général Anselme s'empare de Nice. Les troupes piémontaises, surprises et mal commandées, fuient en désordre devant les Français. Toute la Savoie est occupée jusqu'au pied du Mont-Cénis, et du Petit Saint-Bernard ; le pays de Nice jusque près de Saorgio. Le chevalier de Lazary, commandant en chef la division de la Savoie, et monsieur Pinto, commandant celle de Nice, sont disgraciés. Ces évènemens sont du mois de septembre 1792.

Quelques jours après l'occupation de la Savoie, et de Nice, les Français tentèrent un débarquement pour s'emparer d'Oneille. Le commandant de l'escadre envoya d'abord un parlementaire ; les habitans d'Oneille le laissèrent approcher jusqu'à portée de fusil, et alors il lui firent feu dessus. Seize personnes, et entr'autres le fils du représentant du peuple Isnard, en ont été les victimes. L'escadre bombarda la ville. Les Oneillais se sauvèrent dans les montagnes ; ils arborèrent l'étendard blanc en signe de reddition. Les Français qui, dans cet intervalle, avoient débarqué pleins de confiance, les laissèrent approcher. Les Oneillais fondirent subitement sur eux, et, après en avoir massacré une grande partie, ils obligèrent les autres à se rembarquer.

Une autre attaque fut dirigée contre l'île
de Sardaigne, au commencement de 1793,
par une escadre Française commandée par
l'amiral Truguet. Les Français s'emparèrent
d'abord de l'île Saint-Pierre, et de la presqu'île voisine de Saint-Antioche. L'escadre
mouilla dans le port de Palmas, le 22 janvier.
Les parlementaires Français sont arrêtés, et
jetés dans les cachots. On effectua ensuite
quelques débarquemens près de Cagliari, mais
sans succès. L'escadre a été extrêmement mal-
traitée, et un vaisseau a été perdu. Cependant les Français continuèrent à garder l'île
de Saint-Pierre, et la presqu'île de Saint-
Antioche, jusqu'au mois de mars suivant. Une
escadre Espagnole étant survenue le 20 dudit mois, ils ont été forcés de capituler. La
frégate Française, qui gardoit le pont qui
joint Saint-Antioche à la terre de Sardaigne,
a été prise.

Le 20 avril 1793, il a été conclu à Londres
un traité d'alliance entre lord Grenville, de
la part du roi d'Angleterre, et le comte Saint-
Martin de Front de la part du roi de Sardaigne. Il a été ratifié de part et d'autre
deux mois après.

Par ce traité, le roi de Sardaigne s'engageoit à tenir sur pied, pendant le cours de la guerre, 50,000 hommes ; et le roi d'Angleterre à envoyer une escadre dans la Méditerranée.

Le roi d'Angleterre s'obligeoit aussi à payer au roi de Sardaigne, pendant le cours de la guerre, un subside annuel de 200,000 livres sterling.

Le même roi d'Angleterre s'obligeoit, en dernier lieu, à ne faire la paix avec l'ennemi, sans stipuler la restitution entière au roi de Sardaigne de toutes les parties de ses états qui lui appartenoient avant le commencement de la guerre.

Dans le temps du siége de Lyon, le général Kellermann a .été obligé de dégarnir les frontières du Mont-Blanc, des Basses et Hautes-Alpes, pour renforcer l'armée du siége. Les Piémontais ont cru le moment favorable pour entamer le territoire Français. Ils réussirent, en remontant la vallée de Demont, de s'emparer de la Maison Méane, et quelques autres petits villages du département des Basses-Alpes. D'un autre côté, les troupes du roi, sous les ordres du duc de Montferrat, et du prince de Carignan, en franchissant le Petit Saint-Bernard, entrèrent dans la Tarantaise; s'emparèrent de Moutiers, et s'avancèrent jusqu'à 5 lieues de distance de Chambéry. Annecy commence à arborer l'étendard de la révolte; une semblable invasion est effectuée dans le même temps, par les troupes du Mont-Cénis, dans la Maurienne. Elles pénètrent jusqu'à peu de distance de Saint-Jean.

On ne doit pas passer sous silence l'attaque du col de Raüs dans le pays de Nice, effectuée par les Français, le 29 juillet, et qui leur a coûté la perte de 2 ou 3,000 hommes. Le col de Raüs défend les approches de Saorgio, qui étoit alors un fort imprenable en l'attaquant de front. L'attaque de ce col étoit donc dirigée à se frayer un chemin pour tourner le fort; les Piémontais étoient couverts par des retranchemens formidables; les Français montoient divisés en quatre colonnes. Les militiens Piémontais, postés aux *Terres rouges*, sont forcés de se retirer un moment; mais, soutenus ensuite par des troupes de ligne, ils arrêtèrent la

marche d'une colonne. Deux colonnes Françaises s'approchent du camp de Raüs avec la
plus grande intrépidité ; l'une d'elles commence à déborder à la pointe dite de la Tour ,
en face de la tête de Rogier, tandis que l'autre,
cachée dans un bois, fait un feu terrible. La
première de ces colonnes faisoit toujours des
progrès malgré le feu continuel des Piémontais ; elle s'approchoit toujours des retranchemens. On a vu de jeunes volontaires Français, couverts de sueur et de poussière , s'en
approcher jusqu'à s'accrocher aux canons
dans les intervalles de leur explosion. La bataille paroissoit perdue , lorsque le comte de
Saint-André , commandant en chef les troupes du roi de Sardaigne , fait poster de l'artillerie de manière à prendre en flanc la colonne Française. Elle est habilement dirigée
par le capitaine Zin : ce mouvement décide
la victoire. Les Français se retirent en désordre , et laissent les flancs de cette montagne escarpée couverts de leurs cadavres.

Dans le même temps, une pareille attaque
est dirigée contre le col de l'Authion, qui n'a
pas eu plus de succès.

La victoire importante de Raüs avoit ré-
levé singulièrement les espérances de la Cour:
on s'attendoit à voir évacuer bientôt jusqu'à
la ville de Nice. Ces illusions paroissoient d'autant plus fondées, que l'armée qui défendoit
les Alpes Maritimes se trouvoit affoiblie par
les troupes qu'on en avoit détachées pour aller
combattre les Marseillais révoltés, et empêcher leur réunion avec les Lyonnais. La conquête de Nice paroissoit si assurée, qu'on a
voulu en réserver la gloire au roi lui-même,
qui partit effectivement pour se rendre à
Saorgio, dans le mois d'août. Mais tous ces
avantages ne furent que de courte durée.
Le général Kellermann, entouré de quelques
troupes, chassa entièrement les Piémontais
du Mont-Blanc, et des Basses Alpes. Le roi
de Sardaigne a été obligé de revenir à Turin
avant la fin de la belle saison, sans avoir eu
part à aucun fait remarquable.

Cependant, le comte Saint-André, avant de
terminer la campagne, a voulu tenter un coup
qui, s'il avoit pu réussir, auroit certainement
forcé les Français à évacuer tout le pays de
Nice. Son plan étoit de descendre la vallée du

Var, d'enfoncer la gauche de l'armée Française, et en conséquence de couper en dehors
la droite. Le duc d'Aoste étoit présent à ces
opérations. Le village de Gilette est emporté
et réduit en cendres, parce que les habitans
avoient montré de l'attachement aux Français.
Le duc d'Aoste passe le col de Vial, pour
descendre ensuite, en cotoyant les limites
orientales de la Provence, et enleve les postes
de Delferre, et de Boyon, qui ne sont qu'à
deux lieues de l'embouchure du Var. Les
Piémontais attaquent même Broch, lieu de la
Provence. Les Français sont défaits à Gan-
dola; mais le Comte Saint-André n'ayant pu
emporter le poste d'Utelle, la situation de
l'armée Piémontaise, au delà des montagnes,
près de la France, dans une saison avancée,
devenoit trop précaire et trop incertaine.
L'abondance des neiges, qui tombèrent quelque temps après, forcèrent les troupes du
roi à se retirer pour prendre leurs quartiers
d'hiver. L'expédition de Saint - André a été
entièrement manquée.

Au commencement de la campagne de 1794,
les Français, renforcés de nouvelles troupes,

se déterminèrent à reprendre l'offensive. Leurs opérations furent dirigées à s'emparer de Saorgio, du Mont-Cenis, et du Petit-Saint-Bernard.

Le Mont-Cenis est attaqué le 6 avril, mais sans succès.

La prise du Saint-Bernard est un des évènemens les plus mémorables de la guerre de la révolution. Les neiges et les glaces énormes, les difficultés inexprimables des passages, et la rigueur de la saison, n'ont pu arrêter les soldats républicains. Au commencement d'avril, le poste avancé du *Baracon* est emporté à deux heures du matin. Le 3, le Saint-Bernard est au pouvoir des Français. Le général Magdalon a commandé cette attaque. On avoit toujours cru ce poste imprenable, même dans la belle saison.

Mais du côté de Nice, les commandans français, pour ne plus s'exposer aux malheurs de la campagne précédente dans leurs entreprises sur Saorgio, dont ils avoient résolu de s'emparer, avoient déterminé de le tourner. Il falloit pour cela passer sur le territoire neutre de la république de Gènes,

qu'on avoit jusqu'alors scrupuleusement res-
pecté. Le 5 avril, les troupes se rassemblent en
grand nombre à Menton. La nuit, le général
Aréna se rend à Vintimille, et demande à
parler au gouverneur Spinola. Celui-ci paroît,
et Aréna lui remet, de la part du commandant
en chef et des représentans du peuple, un
manifeste sur l'entrée des troupes françaises sur le territoire génois. Il ajoute que
l'armée est en route, et qu'elle ne peut
tarder à arriver. Le gouverneur fait des pro-
testations contre la violation de son territoire,
et il envoie sur - le - champ l'adjudant - major
Langlade au général en chef, pour chercher
à lui faire abandonner le projet de franchir
le territoire de la république de Gène. Toutes
les représentations furent inutiles. L'avant-
garde arriva à Vintimille le matin du 6. Le
corps de l'armée arriva deux heures après,
avec le général Masséna, et les représentans
du peuple Salicetti et Robespierre le jeune.
Une colonne occupa de suite le marquisat de
Dolceaqua, appartenant au roi de Sardaigne,
et toutes les hauteurs qui donnent dans la
vallée de la Roya, et par conséquent sur
Saorgio ; l'autre alla occuper Oneille. En

remontant la vallée d'Oneille, le même corps de l'armée s'empara d'Ormea, et de Garessio, et somma le fort de Cève de se rendre. Le comte d'Argenteau, qui y commandoit, répondit qu'il vouloit se défendre jusqu'à la dernière extrémité.

Mais pour s'emparer du fort important de Saorgio, il falloit le prendre à revers; et, en tombant en deçà sur le grand chemin de Nice, qui passe par le village même de Saorgio, lui couper toute communication avec le reste de l'armée piémontaise. Saorgio, aussi attaqué du côté du Piémont, n'étoit pas à beaucoup près aussi fort que du côté de Nice; et on avoit tout l'espoir de s'en rendre maître, ou par défaut de munitions, ou de vive force, si on étoit parvenu à chasser les Piémontais des hauteurs qui divisent la mer de la vallée de la Roya.

Le 27 avril, le col Ardent et les postes voisins sont attaqués et enlevés; l'Authion et le Belvéder sont également emportés; les crêtes des monts liguriens tombent toutes au pouvoir des républicains, qui deviennent par là maîtres de ladite vallée, et tombent sur les derrières de Saorgio.

5 *

Le chevalier de Saint-Amour, commandant de Saorgio, avoit ordre du baron Colli, commandant en chef l'armée piémontaise, de ne rendre la place qu'au moment où il auroit reçu de lui un billet par lequel il lui annonceroit qu'il ne lui étoit plus possible de le secourir. Mais le chevalier de Saint-Amour croyant probablement que, par l'occupation de la part des Français du grand chemin de Nice sur ses derrières, il devenoit réellement impossible au baron Colli non seulement de lui envoyer du secours, mais même de le lui annoncer, capitula, et rendit la place à des conditions honorables. Il fut arrêté par ordre de Colli, et conduit enchaîné à Turin.

Les Français s'emparèrent quelques jours après du col de Tende.

Ils firent dans le même temps une tentative inutile pour pénétrer dans la vallée d'Uraita par le col de l'Agnel.

Ils furent plus heureux du côté du col de la Croix ; car, en traversant cette montagne extrêmement difficile, et encore toute couverte de neige, ils tombent de nuit sur le petit fort

de Mirebouc, et s'en rendent maîtres ; ils s'-
vancent ensuite dans la vallée de Lucerne,
et menacent Pignerol. Le commandant de Mirebouc, nommé Mesmer, est arrêté ; Saint-
Amour et Mesmer sont fusillés tous deux à
Turin quelques jours après.

La Cour, par ces exemples de sévérité, a
voulu faire croire que les premiers succès des
Français étoient dus à des trahisons. Le général Colli a peut-être voulu couvrir d'un prétexte ses défaites, en faisant sacrifier des victimes qui ne devoient leur malheur qu'au courage et à la bravoure des Français. Ces deux
braves militaires, et sur-tout Saint-Amour,
vieillard respectable qui avoit blanchi avec
honneur dans la carrière des armes, ont inspiré le plus grand intérêt.

C'est à cette époque que la Cour a publié
d'avoir découvert une grande conspiration
tendante à changer la forme du gouvernement.
On a prétendu que les conjurés étoient en correspondance avec le citoyen Tilly, alors ministre de la république française à Gènes ; et
que c'est d'après ses invitations qu'ils s'étoient
hasardés à une entreprise aussi hardie et aussi

périlleuse. Quoi qu'il en soit, un grand nombre d'individus distingués par leur naissance, par leurs talens, et par les places qu'ils occupoient dans le civil et dans le militaire, a été jeté dans les cachots. Chantel et Junod subissent le dernier supplice; d'autres, plus heureux, vont chercher un asyle en France, à Gènes, et en Suisse.

Dans le même temps, les Français descendirent par le Mont-Genèvre, et s'emparèrent de Césanne.

Mais l'attaque la plus importante, et dans le même temps la plus difficile, étoit celle du Mont-Cenis, sur lequel on avoit construit des retranchemens vastes, garnis d'un grand nombre de redoutes. Toute la ligne de ces retranchemens a été attaquée le 13 mai; après une vive résistance, les Français se rendent maîtres d'une redoute située à l'extrémité de la ligne. Alors les Piémontais craignant d'être pris en flanc et enveloppés, fuient en désordre, et laissent les Français maîtres des retranchemens qui avoient coûté des frais immenses, et de vingt-quatre pièces de grosse artillerie.

Dans le courant de l'an III, le roi d'Espagne

fit la paix avec la République. Il est certain
que l'ambassadeur d'Espagne à Turin a fait, de
la part du gouvernement français, des ouver-
tures de paix au roi de Sardaigne. On lui promettoit la Lombardie, on lui garantissoit ses
états, s'il avoit consenti à faire la paix et à
donner passage aux troupes françaises pour
l'Italie. Le roi, guidé par son ministre des relations étrangères, le comte d'Hauteville, entièrement dévoué aux intérêts du cabinet autri-
chien, rejeta brusquement ces propositions.

Cependant la paix avec l'Espagne exposoit
le roi de Sardaigne aux plus grands dangers ;
car toute l'armée des Pyrénées pouvoit refluer
et se joindre à celle d'Italie.

Mais avant que cette jonction ne fût opérée,
le général Devins, qui commandoit les alliés,
avoit obtenu des succès dans la rivière du Ponent, après avoir violé le territoire génois; le
général Kellermann, inférieur de forces, a été
forcé de quitter Savonne, d'évacuer Vado, et
de prendre la ligne plus resserrée de Borghetto,
pour être mieux en état de résister: cette ligne
n'a jamais pu être forcée par les Autrichiens.

En attendant, Schérer a été nommé au commandement en chef de l'armée d'Italie.

Après plusieurs escarmouches de peu de
conséquence, il a été résolu, dans un grand
conseil de guerre tenu à Albingue, d'attaquer
les Autrichiens sur toute la ligne : les dispositions sont faites pour une attaque générale ; et
après plusieurs combats partiels, où les généraux Augereau et Chastel chassèrent les Autrichiens de plusieurs postes importans, toute
l'armée autrichienne fut attaquée le 2 frimaire
an IV. La bataille a duré depuis six heures du
matin jusqu'à cinq heures du soir ; les Autrichiens, après avoir perdu huit mille hommes
tués ou prisonniers, font leur retraite sur Garessio et Savonne : ils sont attaqués et battus
de nouveau le lendemain ; et les Français res-
tent maîtres de toute la rivière du Ponent ; tel
a été le succès de la fameuse bataille de Loano.

Cependant l'hiver se passa sur la frontière,
sans aucun fait digne de remarque. L'armée
française étoit réduite à un dénuement vraiment déplorable: elle manquoit de tout ; la
solde étoit arriérée de six mois ; le soldat, sans
habit, sans souliers, ne recevoit plus pour toute

nourriture qu'un certain nombre déterminé de châtaignes par jour : elle étoit entièrement découragée.

Dans ces circonstances, à l'approche du printemps, un jeune héros de 26 ans accepte le commandement en chef d'une armée qui paroissoit perdue. Les trois parties de l'ancien continent ont été dans la suite le théâtre de ses glorieux exploits.

Bonaparte commandoit l'armée française ; Beaulieu, l'armée autrichienne ; Colli, l'armée piémontaise.

A peine, vers le milieu de germinal an IV, les neiges des Apennins commençoient à disparoître, Beaulieu médite de chasser Bonaparte des hauteurs de Savonne : le poste de Voltri est attaqué par dix mille hommes ; le général Cervoni, après une défense opiniàtre, est obligé de céder ; d'autres redoutes tombent également au pouvoir de l'ennemi : celle de Montenotte, défendue par quinze cents hommes commandés par le général Rampon, fait une résistance héroïque ; les différentes divisions de l'armée ont le temps de se rallier et d'attaquer à point nommé. Les Autrichiens rompus, précipitant leur retraite, tombent dans la division de Masséna qui venoit de faire un long et pénible circuit, et sont entièrement défaits.

L'armée piémontaise, postée plus en arrière vers Cève, n'avoit pas encore donné : Bonaparte forme le projet d'empêcher la réunion des deux armées autrichienne et piémontaise ; il porte en conséquence son quartier - général aux *Carcares.* On veut déblayer les hauteurs de *Mont-Zemolo,* pour pénétrer dans la vallée du Tanaro et de la Bormida, et s'avancer vers Cève : le comte de Provera, retranché avec quinze cents grenadiers sur les sommets de Cosseria, fait une résistance opiniâtre. Le général Joubert se jette le premier avec sept hommes dans les retranchemens ennemis ; ils sont tués, et le général lui-même est blessé à la tête d'un coup de pierre, et tombe sans connoissance. Cependant Dego et Millesimo sont emportés de vive force, et Provera se rend au général Augereau.

Il ne restoit à Beaulieu, pour relever sa fortune, que la tentative d'un coup désespéré : il fond, le 26, à la pointe du jour, avec sept mille hommes d'élite, sur Dego, et l'enlève à la baïonnette : les Français se réveillent, et courent aux armes ; leurs premières attaques dirigées par Masséna sont repoussées : cependant, aprés plusieurs efforts combinés, le village est repris. C'est là que le général Causse, blessé à mort, en rappelant le reste de ses forces, demande dans son dernier moment à Bonaparte, *Dego est-il repris ?* le général répond, *Nous rentrons dans nos positions : Je meurs content*, ajoute Causse; *vive la République !* Les Autrichiens se retirent vers la Lombardie.

Les Français s'avancent vers Cève ; les Piémontais, toujours commandés par le même baron Colli, natif de Vigerano, mais depuis long-temps au service de l'Empereur, se retranchent derrière le Tanaro.

Le 27, les Français enlèvent à la baïonnette un grand nombre de redoutes.

Les Piémontais se retirent la nuit, et vont prendre position au confluent du Tanaro et de la Costaglia.

Serrurier entre dans la ville de Cève, le 28.

Masséna passe le Tanaro sur un pont, auprès de Cève.

Les Piémontais, craignant d'être enveloppés, quittent leur position dans la nuit du 2 au 3 floréal, et se dirigent sur Montdovy.

Les Français les atteignent à Vico, et les mettent en déroute.

Colli repasse la Sture, et va camper entre Coni et Quérasque.

Le 4 floréal, les Français passent l'Ellera, et le Pesia. Fossano et Quérasque sont enlevés, et Colli est obligé de se replier sur Turin.

Dans quinze jours les Apennins sont passés; quatre grandes batailles; savoir, de Montenotte, Millessimo, Dego, et Montdovy sont gagnées; deux armées ennemies beaucoup plus nombreuses sont défaites, et l'armée se trouve dans un pays abondant, où elle peut se dédommager de ses longues souffrances.

Le roi de Sardaigne, surpris par des évènemens aussi extraordinaires, craignant une insurrection dont les symptômes s'étoient manifestés à différentes époques, et qu'il n'avoit

réprimée que par la force prépondérante des
armées nombreuses qui couvroient son pays,
eut encore de la peine à se déterminer à de-
mander la paix. Il vouloit, disoit-il, s'ensevelir
plutôt sous les ruines de Turin. Le prince de
Piémont lui-même, qui est devenu ensuite roi
sous le nom de Charles Emmanuel IV, et qu'on
croyoit assez généralement ami de la paix, s'y
opposoit. Ce ne fut qu'après de vives instances
de la part du cardinal Costa, archevêque de
Turin, homme de beaucoup d'esprit, et qui
exerçoit une grande influence dans le conseil,
et après même que ce prélat intéressa leur religion à cette démarche, que le roi se détermina
enfin à entrer en négociation.

Le général Colli eut ordre, le 4 floréal, de de-
mander une suspension d'armes à Bonaparte.

Le général français répondit que, dans la position militaire des deux armées, une suspension d'armes pure et simple étoit impossible, et
qu'il ne pouvoit se prêter à aucun arrangement, si le roi ne lui remettoit pour gage les
principales forteresses de ses frontières. Il
demandoit Coni, et Tortonne; ces conditions
furent acceptées, et l'armistice eut lieu.

Sur ces entrefaites, le roi envoya un pléni-
potentiaire à Gènes pour traiter la paix avec le
ministre français. Celui-ci déclara qu'il n'avoit
aucune autorisation pour entrer en semblable
négociation.

Alors le chevalier Tonso et le comte de
Revel ont été expédiés à Paris.

Le traité de paix y fut signé le 26 floréal
an IV.

Par ce traité, le roi de Sardaigne abandon-
noit à la France la Savoie, et le comté de Nice
et de Breuil. Il consentoit que, jusqu'à la paix
générale, les armées françaises resteroient en
possession des forteresses de Coni, d'Exilles,
de Suse, de la Brunette, de Château-Dauphin,
de Demont, de Tortonne, et d'Alexandrie. Il
accordoit le libre passage dans ses états aux
troupes de la République, et il consentoit que
les forts de la Brunette, d'Exilles, de Château-
Dauphin, et de Demont, seroient démolis à ses
frais et dépens. Il accordoit enfin une amnistie
à ses sujets pour tout délit d'opinion politique,
et s'engageoit à rendre les biens à ceux aux-
quels on les avoit confisqués.

Quelles que pussent être immédiatement après ce traité les dispositions de la cour de Turin envers la France, les conquêtes et les victoires continuelles de Bonaparte dans l'Italie ultérieure, l'auroient dans tous les cas forcée à garder la foi du traité. Les forts se démolirent; la Brunette a disparu. La construction de cette forteresse imprenable avoit coûté plus de quarante millions au roi. C'étoit un ouvrage entièrement digne des anciens romains.

Le roi Victor mourut l'hiver suivant; Charles Emmanuel lui succéda.

Il conclut, le 16 germinal an V, un traité d'alliance avec la République, qui fut signé à Turin par le général Clarke d'un côté, et par le chevalier de Priocca de l'autre.

Par ce traité, le roi de Sardaigne s'obligeoit de fournir à la République huit mille hommes d'infanterie, et mille de cavalerie, avec quarante pièces d'artillerie.

L'alliance n'étoit offensive que contre l'empereur d'Allemagne.

A la paix continentale elle devenoit purement défensive.

Lesdites troupes devoient obéir aux ordres du général en chef de l'armée d'Italie.

Toute levée de contributions imposées dans les états du roi, non acquittées ou compensées, devoient cesser immédiatement après l'échange des ratifications.

La République promettoit au roi de faire à la paix générale ou continentale tous les avantages que les circonstances permettroient de lui procurer.

Cependant dans l'intérieur son règne n'étoit pas tranquille. A chaque jour on découvroit de nouvelles conspirations tendantes à changer la forme du gouvernement. Celle qui a fait périr le jeune et vertueux Boyer, et Berteux, officier de cavalerie, a plongé tous les bons citoyens dans le deuil. Ni les preuves qu'ils étoient prêts à alléguer pour leur défense, ni leur nombreuse parenté, ni l'intérêt qu'a montré pour eux le citoyen Ginguené, alors ministre de la République près la cour de Turin, n'ont pu sauver ces deux victimes intéressantes.

Dans le courant de l'été de la même année,

une insurrection générale se manifeste sur tous les points du Piémont. Le ville d'Asti désarme un régiment entier, et se déclare république. L'insurrection gagne jusqu'à Moncalier, et se communique jusqu'aux portes de la ville de Turin. Cependant les républicains livrés à eux-mêmes n'ont pu résister aux troupes réglées du roi. Celui-ci chercha sur-le-champ à se populariser en émanant la loi qui défend les contrats à ferme, au delà de 10,000 livres pour les terrains cultivés à riz, et au delà de 4,000 pour les autres. Comme la cherté des grains, que le peuple attribuoit généralement au monopole des grands fermiers, étoit pour les paysans le prétexte et une des causes de l'insurrection, cette loi les tranquillisa tout-à-coup, et les républicains se trouvèrent isolés. Moncalier et Asti sont repris par les troupes du roi. A Moncalier, le célèbre Tenivelli, auteur de la Bibliographie piémontaise et de plusieurs autres ouvrages fort estimés, homme aussi recommandable par ses vertus et par la bonté extrême de son caractère, que par ses vastes connoissances, est fusillé. Il n'eut d'autre part à l'insurrection que de fixer à haute voix, sur la place publique, le prix des comestibles ; ce à quoi le peuple soulevé, plein de confiance dans un personnage aussi respectable, l'avoit forcé. Il écrivit, avant de mourir, une lettre touchante à sa sœur, et composa un sonnet où brillent d'une manière vraiment remarquable un courage tranquille et le calme d'une conscience pure. A Asti, les deux frères Berut, jeunes hommes intéressans, et un grand nombre d'autres, tant à Asti que dans différentes autres villes du Piémont, subissent le même sort; une grande quantité se réfugie sur le territoire des républiques cisalpine et ligurienne.

Dans le courant de l'an VI, deux rassemblemens considérables de républicains piémontais, réfugiés dans la Cisalpine ou en Ligurie, se sont formés; le premier à Pallance, ville du haut Novarais, sur le lac Majeur, et l'autre à Carrosio, village piémontais enclavé dans le territoire ligurien, sur la route de Novi à Gènes. Ces deux corps menaçoient de s'avancer dans le Piémont : des Français étoient à leur tête. Seras et Léotaud, commandoient la colonne de Pallance; Guillaume, celle de Carrosio. Le roi fit passer des troupes à Arone, et ensuite à Stresa, pour combattre la première, qui étoit forte de plus de 600 hommes. A l'approche des troupes royales, les républicains résolurent d'attaquer le fort de Domodossola. Ils s'en emparèrent effectivement, et y ayant trouvé deux pièces d'artillerie, ils les traînèrent à leur suite pour s'en servir en cas de besoin. Les troupes du roi s'avancèrent jusqu'à Gravelonne, et les républicains, après avoir laissé une petite garnison dans le fort, se mirent en marche pour aller à leur rencontre. La bataille a eu lieu entre Gravelonne et Ornavas. La gauche de l'armée républicaine s'appuyoit à la rivière Toce; Léotaud y plaça une compagnie de grenadiers pour en disputer le passage aux royalistes, et empêcher qu'en débordant son aile gauche, ils ne prissent ses troupes à revers. Après quelques engagemens de tirailleurs, la bataille devint générale à midi. Les troupes du roi ont perdu du terrain pendant une heure, et les républicains seroient sans doute restés maîtres du champ de bataille, si la compagnie de grenadiers, postée à la Toce, en eût mieux défendu le passage. Mais

six compagnies de grenadiers des régimens de
Savoie et de la Marine, après avoir culbuté ladite compagnie et passé la rivière au gué, pa-
rurent tout-à-coup sur les derrières de l'armée
républicaine. Alors le désordre se mit dans ses
rangs, et, malgré tous les efforts de Léotaud,
il n'a plus été possible de la rallier. La déroute
fut complète ; cent-cinquante républicains ont
péri sur le champ de bataille : quatre cents ont
été faits prisonniers. De ceux-ci environ cent ont
été fusillés à Domodossola, parmi lesquels le
plus jeune des frères Paroletti, jeune homme de
la plus grande espérance ; les autres ont été
conduits enchaînés dans le château de Casal.
Il auroient tous subi le même sort que ceux
de Domodossola, si le ministre français, rési-
dant à Turin, et le général en chef de l'armée
d'Italie, n'avoient pas obtenu du roi une amnistie en leur faveur. Cependant l'ordre de
l'amnistie étant arrivé dans la nuit à Casal,
il a été tenu secret pendant quelques heures,
et dans cet intervalle, avant la pointe du jour,
dans les fossés mêmes du château, dix républicains ont encore été fusillés, parmi lesquels Léotaud et son aide-de-camp Lions. Les
troupes du roi, composées des régimens de

Savoie, de la Marine, de Peyer-im-off, de Zimmermann et de Bacmann, étoient au nombre de 4000 hommes.

La colonne de Carrosio se soutint un peu plus long-temps. Pour l'attaquer les troupes du roi violèrent le territoire ligurien. D'après cette violation, le gouvernement ligurien déclara formellement la guerre au roi de Sardaigne ; et peut-être son trône eût-il été renversé dès cette époque, si le général en chef de l'armée d'Italie n'étoit intervenu pour rétablir la paix entre les deux états. La paix a été rétablie dans le fait. Le roi accorda une amnistie générale, et pour garantie de ses engagemens il consentit à remettre aux troupes françaises la citadelle de Turin.

Malgré la foi des traités qui lioient le roi de Sardaigne à la République, et la situation avantageuse des Français en Piémont, il paroît d'après les proclamations, et différens actes publiés dans la suite, tant par le gouvernement que par les agens politiques et les généraux en chef de l'armée d'Italie, que le roi de Sardaigne, ou du moins ses ministres s'entendoient avec la nouvelle coalition qui

se formoit, et qu'ils n'attendoient que le moment favorable pour exécuter leurs desseins
sinistres. On a cru que le plan étoit formé de
manière que les Autrichiens seroient tombés
dans le même temps sur les Français, du côté
de l'Adige, les Napolitains du côté de la Ro-
magne, et les Piémontais sur leurs derrières.
On prétend même que ce plan a été découvert
par une correspondance des ministres sardes
avec le comte de Strarembergh, ministre
de l'Empereur, qui a été surprise par l'adresse
de l'ambassadeur français à Turin. Quoi qu'il
en soit, le général en chef Joubert, et l'ambassadeur Eymar, à la veille de la nouvelle
guerre qui alloit s'ouvrir, et que les Napolitains avoient même déjà commencée, ont cru
que la citadelle de Turin n'étoit pas un gage
suffisant sur les intentions du roi de Sardaigne, et ont en conséquence demandé l'arsenal. Cette demande a été refusée. En attendant,
le roi faisoit marcher des troupes à Oneille et
à Loano, probablement dans l'intention d'y
accueillir les ennemis de la République. Alors,
dans les circonstances extrêmement pressantes
où l'on se trouvoit, on a été convaincu qu'il
n'existoit d'autres moyens pour assurer les

derrières de l'armée, et la mettre à l'abri des plus grands désastres, que d'opérer un changement dans le gouvernement. Le général Joubert publie une proclamation le 15 frimaire an VII, par laquelle, après avoi. passé en revue les torts de la cour de Turin, il annonce qu'il est déterminé à occuper le Piémont. L'ambassadeur français fait ôter les armes de la République de dessus sa porte, et se retire dans la citadelle. Les troupes Françaises occupent Novare, Alexandrie, Suse et Chivas, et font prisonnières de guerre les garnisons qui s'y trouvent.

Sur ces entrefaites, le ministre du roi, Saint-Damien Priocca, publie une proclamation, dans laquelle, en manifestant les intentions du roi, il proteste en son nom de sa loyauté, et d'avoir toujours rempli avec la plus grande fidélité les engagemens par lui contractés en vertu des traités envers la République, et en même temps de n'avoir donné aucune occasion aux désastres qui menaçoient de près ses sujets.

Après différens pourparlers il a été signé, le 19 frimaire, à Turin, un acte entre l'adjudant - général Clauzel , de la part du général en chef, et le grand écuyer de St.-Germain, pour le roi, en vertu duquel

1°. S. M. déclare de renoncer à l'exercice de tout pouvoir, et ordonne à ses sujets d'obéir au gouvernement provisoire qui sera établi par le général en chef.

2°. Il ordonne à son armée de se regarder comme faisant partie intégrante de l'armée française.

3°. Il ordonne au gouverneur de la ville de Turin d'exécuter avec exactitude les ordres du général français commandant la citadelle.

4°. Il ordonne à son ministre le chevalier S.-Damien Priocca de se rendre à la citadelle comme otage ; et il désavoue la proclamation que celui-ci a fait publier.

5°. Le roi et toute sa famille auront la faculté de se retirer en Sardaigne, en passant par Parme.

A la suite de cet acte , le général Joubert, par son arrêté du même jour, créa le gouvernement provisoire , composé d'abord de quinze membres, savoir Favrat, Saint - Martin la Motte, Fasella, Bertolotti, Bossi, Colla, Fava, Bon, Galli, Braida, Cavalli, Baudisson, Rocci et Sartoris; et par son arrêté du 29 du même mois, il compléta le gouvernement en nommant dix autres membres, savoir Balbis, Chiabrera, Capriata, Botta, Simian, Avogadre, Bunic, Bellini, Cerise et Geymet.

Le gouvernement provisoire s'est divisé en cinq comités, savoir,

1°. De sûreté publique.

2°. De finances.

3°. De l'intérieur.

4°. Des relations extérieures et de la guerre.

5°. De la justice.

Il réunissoit le pouvoir législatif et l'exécutif. Chaque comité exerçoit le pouvoir exécutif, chacun dans ses attributions.

Il se nommoit un président chaque décade, et avoit un secrétaire-général.

Les lois les plus importantes publiées par le gouvernement provisoire sont les suivantes :

La loi du 29 frimaire an VII, sur la réduction du papier-monnoie. Le gouvernement prenant pour base la valeur du change, qui n'étoit que du tiers de la valeur nominale, réduisit tout d'un coup la valeur de ce papier de deux tiers.

Dans le même temps il mit hors de cours les billets de 600, 300, 200 et 100 liv.

Il réduisit aussi la valeur des pièces de billon de 15 sous à 10 sous, et de celles de 7 sous et 6 deniers à 5 sous ; et les pièces de cuivre de 2 sous et 6 deniers à un sous 8 deniers.

Il publia, le 15 nivôse, une loi réglant le mode des paiemens, dont le titre étoit antérieur à l'époque du 29 frimaire. Pour régler leur montant, il prit en général pour base la valeur de change du papier-monnoie à différentes époques, et il fit publier des tabelles de change à cet effet.

En prenant la base du change dans la fixation de la valeur du papier-monnoie, il espéroit qu'il se seroit soutenu après la réduction de pair avec le numéraire métallique. Il s'est pourtant étrangement trompé sur cet objet, car la valeur du papier-monnoie, après la réduction des deux tiers dans sa valeur nominale, a continué à baisser d'une manière effrayante.

Pour obvier aux malheurs incalculables qui résultoient d'une pareille dépréciation du papier-monnoie, le gouvernement provisoire a été obligé de publier la loi importante du 18 ventose.

Par cette loi, il a été statué que les possesseurs d'un patrimoine au dessus de 100,000 livres de capital, qu'on a appelés dans la suite *quotés*, seroient tenus, dans un temps déterminé, de payer aux finances, en papier-monnoie ou en obligations de paiement, les sommes auxquelles ils seroient taxés. Les trésoriers des finances leur délivreroient des quittances pour le montant des sommes payées, soit en papier - monnoie, soit en obligations. Avec ces quittances ils pouvoient se faire adjuger des biens nationaux, à leur choix, jusqu'à la concurrence du montant de ces mêmes quittances. Les obligations qu'on a appelées *polizze* étoient de la forme suivante :

Moi soussigné .... domicilié dans la commune de .... m'oblige à payer dans le terme

de..... au porteur de la présente, la somme
de.... avec les intérêts au quatre pour cent,
à commencer du 1ᵉʳ. germinal an VII. Ce
terme ne pouvoit pas outrepasser les deux
ans.

Les porteurs du papier-monnoie, en les
remettant aux trésoriers, pouvoient se faire
délivrer en échange une somme égale en
obligations de *quotés*, et ils devenoient par là
créanciers du *quoté* inscrit sur la même obligation. Ils pouvoient poursuivre par devant les
tribunaux les *quotés* devenus leurs débiteurs
à l'échéance de l'obligation, dans les formes
les plus promptes et sommaires.

Le papier-monnoie remis aux trésoriers,
tant par les *quotés* que par d'autres particuliers, en échange des obligations des mêmes
quotés, étoit sur-le-champ paraphé du mot
annullé, et ensuite brûlé publiquement.

Cette loi a relevé tout de suite le crédit du
papier-monnoie, de manière que la pièce de
24 livres, qui étoit à 76, est tout d'un coup
baissé à 32.

Il n'y avoit pas bien loin de cette mesure

à une entière démonétisation, et le gouvernement se proposoit de l'opérer dans un moment
favorable.

Une loi du gouvernement provisoire, qui a
eu de tristes conséquences, a été celle du 13
nivose, qui a réduit les pièces de 10 sous à
6 sous: car, comme leur valeur réelle est de
6 sous et un quart de denier, les monnoies
étrangères, et particulièrement celles de Milan
les faisoient acheter pour en frapper des pièces
d'argent, en y ajoutant le fin nécessaire. Une
pareille disposition a produit une exportation
considérable de ces pièces. Le conseil suprême,
établi par le général Suwarow, les a ensuite
reportées à 8 sous (1). Ces pièces avoient été
mises en circulation par le roi, pour la valeur
de 20 sous chacune.

---

(1) Le papier-monnoie, et les différentes pièces de
billon et de cuivre mis en circulation avec surabon-
dance par le gouvernement royal, ont été un véritable
fléau pour le Piémont. Il est aisé de se convaincre
par le calcul suivant des pertes énormes qu'ont es-
suyées à cet égard les habitans de ce pays.

Le gouvernement royal a émis pour 130 millions
de papier-monnoie ; le gouvernement provisoire de

La loi du 1er. nivose, qui, supprimant les intendans, créa à leur place, dans chaque province, une direction centrale de finances, composée de cinq individus.

L'instruction du 20 pluviose, qui créa des commissaires du gouvernement près les directions centrales, et fixa les attributions de ces directions, des commissaires, et des municipalités.

---

l'an VII l'ayant réduit des deux tiers, les habitans doivent avoir perdu plus de 86 millions.

Le roi a fait frapper pour 50 millions de pièces de billon, dont la valeur intrinsèque n'est que de 6 sous et un quart de denier, et qu'il a émis pour la valeur nominale de 20 sous. La valeur de ces pièces ayant été fixée, par un arrêté des Consuls, à 8 sous de France, qui font à peu près le tiers de 20 sous de Piémont, les Piémontais doivent avoir perdu les deux tiers de 50 millions, savoir 33 millions.

Enfin, le roi a mis en circulation pour 5 millions de pièces de cuivre, auxquelles il a donné la valeur nominale de 5 sous. Ces pièces sont actuellement réduites à un sou de France. Les Piémontais ont perdu en conséquence là-dessus au moins 4 millions.

Il s'ensuit donc que, d'après les réductions opérées

La loi du 7 nivose , portant création des tribunaux de haute police dans les communes de Turin , Yvrée , Mondovy , Asti , Novare , Alexandrie , et Casal. Ces tribunaux devoient juger des délits commis contre la sûreté publique.

Par la loi du 28 nivose , ces tribunaux ont été chargés de juger les causes de banqueroute.

La loi du 2 ventose leur a attribué la faculté

à différentes époques dans la valeur du papier-monnoie et des pièces de billon et de cuivre qui ont circulé en Piémont, les habitans de ce malheureux pays ont perdu 123 millons.

Si on ajoute à cette considération celle de la guerre guerroyée pendant long-temps dans le pays , ses fréquentes révolutions , 30 millions de dettes à payer , qui ont été contractées tant par le roi que par les différens gouvernemens qui lui ont succédé, on se fera une véritable idée de la détresse extrême à laquelle ses habitans doivent être réduits. Il est digne d'un gouvernement essentiellement réparateur de porter sa sollicitude et ses vues grandes et généreuses vers un pays si long-temps malheureux, qu'il vient d'associer aux grandes destinées de la République.

d'accorder des pensions à ceux qui seroient déclarés *fils de la patrie.*

Par la même loi, ils ont été autorisés à juger les causes d'indemnités réclamées par les patriotes.

La loi du 27 frimaire, qui a aboli les fidéicommis et les primogénitures.

La loi du 12 ventose, qui abolit tous les droits féodaux sans indemnité.

La loi du 28 nivose, qui a accordé aux cadets ou à leurs descendans une indemnité égale à la légitime, sur les biens et capitaux féodaux, ou affectés à des primogénitures, fidéicommis, et commanderies de famille, rendus libres par les lois précédentes.

La même loi leur réservoit le droit de percevoir la moitié entière desdits biens et capitaux à la mort du possesseur actuel, y compris la légitime.

L'exécution de cette loi a été suspendue quelques mois après, par un ordre formel du directoire exécutif.

La loi du 11 germinal, qui a aboli les dîmes ecclésiastiques.

Avant de quitter les opérations du gouvernement provisoire de l'an VII, il me reste à vous parler de la plus importante de toutes, de celle qui devoit fixer le sort politique du pays.

Dans la séance du 14 nivose, dont l'extrait du procès-verbal a été publié, sur la motion du citoyen Bossi, après une légère discussion, tous les membres du gouvernement provisoire votèrent unanimement pour la réunion du Piémont à la France.

Les citoyens Bossi, Botton, et Colla sont chargés de rédiger les motifs de cette détermination dans un Mémoire qui a été imprimé.

Elle a été de suite communiquée à la municipalité de Turin, qui vota sur-le-champ à l'unanimité dans le même sens, et rédigea une adresse au gouvernement, qui a été publiée.

Toutes les autorités constituées de Turin, le corps de l'université, les colléges, l'académie, imitèrent son exemple : les simples

7

citoyens s'empressèrent en foule d'aller à la Maison commune pour voter la réunion.

Des commissaires, pris dans le sein du gouvernement ou de la municipalité de Turin, ont été tout de suite envoyés dans les provinces, pour recueillir les suffrages des autorités constituées et des citoyens sur cette grande question.

Ils ont été reçus par-tout avec le plus grand enthousiasme : les directions centrales , les commissaires , les tribunaux , les municipalités, les évêques , les chanoines, les curés, les religieux , et les religieuses même , donnèrent leur voix avec un véritable empressement pour la réunion.

Il y a eu au moins dix-huit cents municipalités qui ont voté affirmativement, et plus de cent mille voix individuelles.

J'ai été envoyé dans la province d'Yvrée et dans la partie de la province de Turin qui est située au delà de la Sture (1); j'ai recueilli les

_____

(1) Il y a en Piémont deux rivières qui portent le nom de Sture. La première descend des montagnes

suffrages de cent soixante-six municipalités.
Sur ce nombre, il n'y en a eu qu'une seule
qui a voté pour la réunion à la république ligurienne, et trois petites communes situées dans
les montagnes escarpées de la vallée de Lance,
qui ont voulu rester, disoient-elles, *indépen-
dantes, république piémontaise.* Toutes les
autres ont voté pour la réunion à la France.
J'ai apporté près de treize mille votes indivi-
duels pour la réunion, et aucun contre.

Les autres commissaires ont obtenu le
même succès : l'empressement a été universel.

Les citoyens Bossi et Botton ont été députés
à Paris, pour présenter au gouvernement le
résultat des vœux du Peuple piémontais pour
la réunion à la France.

Dans ces circonstances, le gouvernement

---

de Demont, baigne les murs de Coni, et se jette dans
le Tanaro, près de Quérasque : elle donne le nom au
département dont Coni est le chef-lieu. L'autre descend des montagnes de la Vallée de Lance, coule à
une lieue de Turin au nord, et se jette dans le Pô, au
dessous de cette ville. C'est de celle-ci dont il est
question dans le texte.

7 *

français prenoit des dispositions pour préparer par une organisation provisoire le Piémont au sort qu'il lui destinoit, et pour lequel il avoit manifesté un assentiment presque unanime. Cette organisation devoit déjà le rapprocher des formes françaises.

Le 15 ventose, le directoire exécutif nomme le citoyen Musset commissaire politique et civil en Piémont, sous l'autorité du ministre de la justice.

Le commissaire politique et civil étoit chargé d'organiser le Piémont en départemens, en cantons, et en arrondissemens de tribunaux correctionnels ; de nommer les administrations centrales et municipales, les tribunaux civils, criminels, correctionnels, et de paix ; la régie des biens nationaux, etc., etc.

Il devoit recevoir les mêmes honneurs militaires que le commandant de la division.

Les membres du gouvernement provisoire devoient cesser leurs fonctions aussitôt après la notification de l'arrêté du directoire.

Effectivement, le commissaire arrive à

Turin, et, le 13 germinal, le gouvernement provisoire est dissous.

Le Piémont est aussitôt divisé en quatre départemens ; savoir de l'Eridan, de la Sture, du Tanaro, et de la Sesia.

Le premier comprend les provinces de Turin, de Suse, de Pignerol, et d'Aoste ; chef-lieu Turin.

Le second, les provinces de Mont-Dovy, de Saluces, de Coni, d'Albe, et d'Oneille ; chef-lieu Mont-Dovy.

Le troisième, les provinces d'Acqui, d'Alexandrie, de Voguère, de Tortonne, de Casal, et d'Asti ; chef-lieu, Alexandrie.

Le quatrième, les provinces de Verceil, de Novare et Vigevano, de Bielle, et une grande partie de celle d'Ivrée ; chef-lieu, Verceil.

Les administrations centrales sont nommées ; les tribunaux sont organisés conformément aux lois françaises ; les juges de paix sont nommés dans les villes principales: Turin

est divisé en quatre justices de paix ; on s'occupoit déjà de former les cantons.

La municipalité de Turin et celles des chefs-lieux de départemens sont aussi nommés.

Le 22 germinal, le commissaire politique et civil nomma trois commissaires de la Comptabilité nationale en remplacement de la chambre des Comptes, qui alloit cesser ses fonctions.

Le 5 floréal, il supprima les directions centrales de finance ; et le 6 il créa une administration des biens nationaux.

La nouvelle organisation promettoit déjà les plus heureux résultats, et toutes les nouvelles autorités commençoient à prendre cette marche assurée, qui est propre aux hommes accoutumés aux affaires. Le Piémont commençoit à respirer de ses trop longs malheurs, et le commissaire politique et civil alloit bientôt recueillir le fruit de ses travaux et de sa sollicitude pour le pays qu'il administroit : les désastres de l'armée d'Italie vinrent dissiper, dans peu de jours, toutes ces belles espérances.

L'armée s'étoit retirée derrière le Tessin, et

tout le territoire de la république cisalpine
étoit envahi. Le général Moreau, qui avoit
succédé à Schérer dans le commandement
en chef de l'armée, après avoir reconnu que
la ligne du Tessin ne pouvoit être gardée à
cause de sa trop grande étendue, forme le
projet de passer le Pô à Turin, pour aller prendre position entre Tortonne et Alexandrie.
Le commissaire politique et civil étoit parti de
Turin le 13 floréal; le général Moreau créa
une administration générale du Piémont,
composée de quatre membres pris chacun
parmi ceux des administrations centrales des
quatre départemens. Ces membres étoient les
citoyens Geymet, pour le département de
l'Eridan; Pelisseri, pour le département de la
Sture; Rossignoli, pour celui de la Sesia; et
Capriata, pour celui du Tanaro. Le général
Moreau avoit choisi Coni, comme ville forte,
pour siége de ce nouveau gouvernement. L'administration générale a demandé d'aller s'établir à Pignerol, attendu qu'ayant sur ses derrières les vallées des Vaudois, habitées par des
hommes entièrement dévoués à la cause des
Français, sa retraite, en cas de malheurs, étoit
assurée; cette idée a eu son exécution.

L'administration générale publia une proclamation datée de Pignerol, le 16 floréal, par laquelle elle invitoit tous les républicains à venir se réunir dans cette ville.

Dans ces fâcheuses circonstances, les insurrections, fomentées principalement par quelques prêtres fanatiques et par des émissaires des puissances ennemies de la France, dont on avoit découvert les traces quelques jours auparavant, éclatent dans quelques parties du Piémont. Un aventurier nommé Branda de Lucioni (1), soi-disant major dans les troupes autrichiennes, s'établit à Chivas ; de là il envoie des ordres aux municipalités des environs de se mettre en insurrection, et d'envoyer à Chivas des hommes, des armes, et des munitions. Alors tous les gens sans aveu se forment en rassemblemens nombreux. Un évêque, des curés, quelques prêtres bénissent ces bandits au nom d'un Dieu de paix, qui a ordonné à ses disciples de pardonner même à ses ennemis. Les

_____

(1) Du nom de cet homme, on appela *Branda* les ennemis du Gouvernement républicain dans les premiers temps du retour des Français en Piémont en l'an VIII.

républicains sont assassinés ; les républicains et les royalistes sont pillés tour-à-tour, et l'affreuse anarchie est complète dans les pays situés au delà de la Sture. Branda de Lucioni, exerçant les devoirs de la religion le matin, plein de vin le soir, ose menacer le général Fiorella lui-même, commandant la citadelle de Turin. Cependant, avant l'arrivée des troupes autrichiennes, ces assassins n'ont osé passer la Sture.

Une autre insurrection se manifeste à Piscina, petit village près de Pignerol. Les braves Vaudois, et les autres amis des Français, réunis à Pignerol, accourent en foule : elle est étouffée, et la maison du curé, principal instigateur, livrée aux flammes.

Une insurrection bien plus terrible se manifeste à Carmagnole, qui, en s'étendant auroit pu sérieusement inquiéter les derrières de l'armée. Le général Fiorella envoie quelques troupes qui se réunissent à celles de Pignerol, et aux républicains qui y étoient rassemblés. Ces forces réunies s'approchent de Carmagnole. Après un engagement assez

vif avec les paysans armés, Carmagnole tombe
en notre pouvoir, et est livrée au pillage.

L'administration générale publie, le 23 floréal, une loi terrible contre les insurgés et
les auteurs des mouvemens insurrectionnels,
et crée une commission ambulante de haute
police pour les juger.

Cependant les Autrichiens avoient passé le
Pô à Pont-Sture, le 22 et 23 floréal, et les
Russes à Bassignana : les uns et les autres
sont enfoncés dans le fleuve par l'adjudant-
général Gareau, d'un côté, et par les généraux Grenier et Victor, de l'autre. Deux
mille Russes ont péri dans cette action, et
on leur a pris cinq pièces de canons.

Mais l'armée française n'étoit pas assez forte
pour soutenir le choc des armées austro-
russes, qui grossissoient à tout moment. Le général Moreau se détermine à faire sa retraite sur
Coni ; la province de Mondovy se met en insurrection ; le général Murray y est tué ; des
forces considérables sont envoyées contre les
rebelles, et Mondovy est livré au pillage.

Le général Uukassovich , commandant l'a-
vant-garde de l'armée autrichienne, arrive sous
les murs de Turin , et somme la municipalité
de rendre la ville. La municipalité, dans cette
circonstance difficile , fait un tableau pathé-
tique au général Fiorella des désastres qui la
menaçoient en cas de résistance, et demandoit
à se rendre, attendu qu'il n'y avoit aucune
possibilité pour se défendre. Effectivement , il
n'y avoit d'autre force dans toute la ville , que
les corps-de-gardes des portes. Le général Fiorella répond que la ville est en état de siége ,
et que lui seul doit en répondre. Le général
Uukassovich fait tirer quelques coups de ca-
non du côté de la porte de Pô; il étoit posté
aux Capucins. Une maison prend feu dans le
quartier voisin de la porte ; alors il se manifeste un mouvement insurrectionnel dans ce
quartier, et la porte de Pô est livrée à l'ennemi.
Les gens sans aveu, profitant de l'occasion ,
commettent des désordres ; les bandes de
Branda sont admises dans la ville, et elle ne
présente plus que l'horrible image de l'affreuse
anarchie ; le général Fiorella la bombarde.

Suwarow arrive, et on convient de part et

d'autre qu'on n'auroit pas attaqué la citadelle du côté de la ville.

Il établit, au nom du roi, un gouvernement sous le nom de conseil suprême, composé des amis les plus chauds de la royauté. Ses membres étoient au nombre de neuf ; savoir le comte St.-André, le comte Balbe, le comte Bréa, le comte Cérutti, le baron Peretti, le chevalier Fabar, l'avocat-général Pateri, le chevalier Borgese et le comte Serra, qui avoit été commissaire-ordonnateur des troupes pié-montaises, pendant le séjour des Français en Piémont.

La première opération du conseil a été d'a-bolir toutes les lois émanées pendant le régime précédent.

Il a eu le bon esprit de reporter les pièces de 6 sols à 8 sols.

Il a créé dans la suite vingt nouveaux millions de papier-monnoie.

On sévit tout de suite contre les amis des Français. On a arrêté tous les membres du gouvernement provisoire, qui étoient restés en Piémont, et qu'on a pu trouver, ceux de la municipalité de Turin, et tous ceux qui avoient occupé quelque place. On a même fait le procès à quelques uns d'entr'eux, pour fait de leurs opinions politiques, et les tribunaux ont eu la coupable foiblesse de les condamner à des peines corporelles ; tandis que, même à leurs yeux, l'ordre du roi d'obéir au gouverne- ment qui seroit établi par le général Français , et sa renonciation à tout pouvoir, devoient les mettre à l'abri de toute poursuite légale.

Il est même probable que les membres du gouvernement provisoire et des principales autorités auroient péri sur l'échafaud , si le commissaire Musset et le général Grouchi n'avoient eu la précaution , avant de partir , de faire arrêter une trentaine des partisans les plus marquans du roi , qui ont été sur-le- champ traduits à Grenoble, et ensuite à Dijon, pour y servir d'otages. Les principaux étoient les marquis du Bourg , de Prié , de la Chiésa, de Sostegne , le baron de la Turbie , le prince de la Cisterne, etc., etc. Sans cette précaution, on auroit probablement vu en Piémont les scènes horribles de Naples.

Cependant les prisons étoient encombrées

de victimes. Les hommes les plus instruits, les plus irréprochables, étoient jetés dans les cachots, et traités comme des criminels. Des prêtres, des curés respectables, qui avoient vieilli dans le sentier de toutes · les vertus, étoient du nombre, parce qu'ils avoient cru que la liberté pouvoit se concilier avec la croyance et les devoirs de la religion la plus pure. Les délations les plus absurdes suffisoient pour priver de la liberté un honnête père de famille. Combien de vengeances particulières n'ont-elles pas été exercées en supposant des noms qu'on avoit proscrits ?

L'université a été fermée, et l'instruction de la jeunesse confiée aux prêtres les plus dévoués. Ce malheureux pays étoit retombé dans la barbarie des siècles de l'anarchie féodale. On se proposoit de le replonger d'autant plus dans l'ignorance et l'avilissement, qu'il s'étoit élancé avec plus d'ardeur vers les lumières et la liberté.

L'avenir le plus sinistre se préparoit pour le Piémont. Plus de cinq cents victimes auroient péris dans les cachots, plus de deux mille dans l'exil, si le génie de Bonaparte n'avoit pas reconduit les braves de la France vers les plaines fertiles de la malheureuse Italie.

Vous connoissez, citoyen Administrateur-général, les prodiges du passage du grand St.-Bernard, et de la bataille de Marengo. Ces deux évènemens, à jamais mémorables, ont changé la face de l'Europe, et ont fixé ses destinées pour bien des siècles.

Le premier Consul, après avoir reconquis à la liberté le Piémont, la Ligurie, et la Cisalpine, s'occupa sans délai de leur donner une organisation provisoire, en attendant que les circonstances lui permissent de les organiser d'une manière définitive. Il créa, le 4 messidor an VIII, pour chacun desdits pays, un corps délibérant nommé *Consulta*, pour le pouvoir législatif, et une commission de gouvernement pour le pouvoir exécutif. La Consulta devoit être présidée par un ministre extraordinaire de la République.

La Consulta du Piémont étoit composée de trente membres. La commission de gouvernement de sept ; les lois les plus importantes, émanées de la Consulta, et provoquées par la commission de gouvernement, sont les suivantes :

1°. La loi du 3 thermidor an VIII, portant création d'un corps de gendarmes à pied, et à cheval.

2°. La loi du 8 thermidor, qui démoné-tisa entièrement le papier-monnoie, et l'admit en paiement des biens nationaux et des trois-quarts de toutes les impositions arriérées.

3°. La loi du 12 thermidor, qui mit à la disposition de la commission de gouvernement 6,000,000 l. de biens nationaux pour les besoins urgens des finances.

4°. La loi du 15 thermidor, qui renouvela toutes les impositions établies par l'édit du roi du 31 décembre 1799.

5°. La loi du 24 thermidor, qui a réglé les paiemens, dont les titres étoient antérieurs à la loi de la démonétisation du papier-monnoie.

6°. La loi du 27 fructidor, qui organisa l'instruction publique.

7°. La loi du même jour, qui établit une

imposition du six pour cent du revenu sur les possesseurs d'un patrimoine de 4,000 livres de revenu , pour l'acquisition de chevaux pour les gendarmes , hussards , et dragons piémontais.

8°. La loi du 6 vendémiaire, qui autorisa la commission de gouvernement à vendre des biens nationaux, dont le prix seroit payé moitié en numéraire, ou en *pagherò* des finances , et moitié en cédules de *monti* (1), ou toute autre créance sur l'état.

Les actes plus remarquables de la commission de gouvernement sont :

1°. L'arrêté du 16 thermidor, qui a autorisé le ministre des finances à émettre un million de *pagherò*.

2°. L'arrêté du 24 fructidor, qui a autorisé le même ministre à émettre trois millions de *pagherò* , y compris le premier million.

Ces *pagherò* étoient un papier qui n'avoit

(1) Titres constitutifs des rentes viagères ou perpétuelles sur l'état.

8

pas cours forcé de monnoie ; mais ils devoient être reçus comme monnoie sonnante dans toutes les caisses publiques. En entrant dans les caisses ils devoient être annullés ; ils étoient admissibles en paiement de biens nationaux.

Par la lettre du 14 fructidor, la commission de gouvernement autorisa le ministre des finances à faire accepter lesdits *paghero* dans les caisses publiques, en paiement du quart du *tasso* (1) qui devoit être payé en numéraire sonnant, d'après la loi de la Consulta du 8 thermidor.

3°. L'arrêté du 21 fructidor , qui a imposé aux communes l'obligation de payer , à titre de subvention de guerre et par anticipation , dans l'espace de cinq jours , les trois-quarts du *tasso* ordinaire et extraordinaire du second semestre de 1800.

Dans le marché pour les subsistances militaires, passé avec le citoyen Ponte , la commission de gouvernement l'a autorisé à exiger directement des caisses des provinces ,

------

(1) Imposition foncière.

et même des simples percepteurs des communes, tous les fonds qui seroient entrés,
provenant de ladite subvention de guerre.

Par votre arrêté du 12 vendémire an 9,
vous avez remplacé la plus grande partie des
membres de la commission de gouvernement,
et créé dans son sein une commission exécutive, spécialement chargée de la direction
des affaires. Les membres qui l'ont composée
d'abord, sont les citoyens Bossi, Debernardi,
et Botta. Après le démembrement du Novarais, opéré en vertu de l'arrêté des consuls
du 20 fructidor an 8, le citoyen Debernardi
de Novare a été remplacé par le citoyen Julio.

Les circonstances où la commission exécutive s'est d'abord trouvée, ont été extrêmement difficiles. Toutes les ressources étoient
entièrement taries ; les contributions et impositions échues étoient payables pour les
trois quarts en papier-monnoie démonétisé,
et qui devoit être annullé en entrant dans
les caisses. Le quart restant pouvoit être payé
en *pagherò*, qui dèvoient être pareillement
annullés. Le semestre de l'imposition foncière,
qui alloit écheoir, avoit été payé par anticipation

8 *

en vertu de l'arrêté de la commission de
gouvernement du 21 fructidor. Les impositions indirectes, sous le nom de gabelles,
étoient au dernier point de désorganisation,
et ne produisoient rien. L'état étoit menacé
d'une dissolution prochaine.

Rien n'étoit payé sur la contribution men-
suelle, que le Piémont devoit payer à l'armée
française en numéraire, fixée à 500,000 livres
par mois pour les mois antérieurs à celui
de brumaire, c'est-à dire messidor, thermidor, fructidor, et vendémiaire.

Les entrepreneurs des démolitions de Turin qui coûtoient des sommes très-considé-
rables, n'avoient reçu que de très-foibles à-
comptes.

Les entrepreneurs pour l'approvisionne-
ment des places fortes, que le général en
chef ne cessoit de presser, n'avoient aussi reçu
que de très-foibles sommes, et ne vouloient
plus rien fournir.

La commission de gouvernement avoit
passé des marchés avec différents fournisseurs, pour des fournitures magnifiques pour

l'habillement et l'équipement des troupes pié-
montaises ; mais ils n'étoient pas payés, et
réclamoient tous les jours les fonds qui leur
étoient dus.

Les hôpitaux militaires, qui étoient en re-
gie, coûtoient des sommes immenses : la journée du malade coûtoit au moins 3 liv.

Les travaux de l'arsenal de Turin, qui étoit
le seul en activité dans tout le pays occupé par
l'armée, se poursuivoient avec ardeur ; et il
falloit payer les ouvriers, et procurer tous les
objets nécessaires.

Le citoyen Garda, entrepreneur-général des
subsistances militaires, qui avoit succédé à
Ponte, alléguoit de distribuer dans le Piémont
plus de quatre-vingt mille rations par jour, et
demandoit des sommes immenses.

Tous les services étoient arriérés ; et il n'en-
troit pas dans les caisses publiques, l'un portant l'autre, plus de 500 liv. par jour. Il y a eu
des jours où, sur toute la surface du Piémont,
il n'est entré absolument rien, du moins en
valeurs actives ; encore les foibles fonds qui

entroient de temps à autre ne provenoient que de l'imposition pour les chevaux, établie par la loi de la Consulta du 27 fructidor.

L'arrêté des consuls du 20 fructidor, qui a été connu peu de jours après l'installation de la commission exécutive, a encore augmenté les embarras extrêmes où elle se trouvoit. La séparation d'une partie aussi considérable de territoire, c'est-à-dire de tout le pays situé sur la gauche de la Sesia, a dû nécessairement jeter de la défaveur sur le gouvernement, aux dépens duquel elle se faisoit, et conséquemment diminuer la confiance qu'on pouvoit avoir en lui. Cette séparation pouvoit n'être que l'avant-coureur d'autres séparations peut-être plus grandes encore : elle pouvoit autoriser les gens que tant d'évènemens opposés avoient déjà rendus naturellement ombrageux, à croire qu'elle présageoit un état de choses qui ne seroit pas favorable, en Piémont, au gouvernement républicain. Chacun, en conséquence, craignoit de contracter des engagemens avec un gouvernement qu'on ne savoit pas jusqu'à quel point il auroit pu les tenir; ou, si on consentoit à traiter avec lui, ce n'étoit qu'en mettant un prix aux risques qu'on craignoit de courir.

Dans cette crise terrible , la commission exécutive a dû s'occuper d'abord de faire entrer dans les caisses des fonds disponibles ; elle a proposé de suite à la Consulta une loi tendant à faire payer aux acquéreurs des biens nationaux , par le moyen du papier-monnoie démonétisé , le huitième du montant du prix total de ces biens en monnoie sonnante. Cette mesure devoit produire trois ou quatre millions de numéraire (1) : elle a été sanctionnée par la Consulta.

---

(1) Il existoit à cette époque , entre les mains des particuliers , environ 36 millions de papier-monnoie démonétisé. Il a été vendu de biens nationaux , contre le papier-monnoie, avec le huitième en monnoie sonnante , jusqu'à la concurrence de 30 millions environ. Ces biens , ainsi que ceux qui ont été vendus en vertu de l'arrêté du général Jourdan , ministre extraordinaire du gouvernement français , ont été vendus aux enchères publiques. Les formes qu'on a suivies sont celles que la *Consulta* avoit établies par des lois précédentes , et qui d'ailleurs étoient conformes à ce qui s'étoit constamment pratiqné dans le pays en pareilles occasions. Il est bon de remarquer qu'après

Elle proposa ensuite différens projets de loi pour une vente forcée de biens nationaux, qui devoit produire six millions. La Consulta s'est constamment refusée à cette mesure ; alors vous avez pris de votre autorité l'arrêté du 1er. frimaire, qui a eu les plus heureux résultats.

Elle a passé dans les premiers jours un marché avec des fournisseurs, pour les hôpitaux militaires, à 28 s. la journée du malade. On a été content de leur service.

Les mesures administratives adoptées par la commission exécutive ont été si bien combinées, qu'à l'époque du mois de floréal an IX,

---

les aliénations de biens nationaux qui ont eu lieu en Piémont, tant en vertu des lois publiées sous le régime royal, qu'en vertu de celles publiées par le gouvernement provisoire de l'an VII, et de la *Consulta* de l'an VIII, il y en existe encore une masse de plus de 80 millions, actuellement administrés par le domaine. Si on ajoute à cette quantité les biens qui sont encore possédés par le clergé séculier, on connoîtra qu'il existe encore dans les six départemens subalpins une masse de biens nationaux, ou qui peuvent devenir tels, de 100 millions au moins.

où elle a cessé ses fonctions, il existoit 800,000 l.
à l'hôtel de la Monnoie, quatre millions d'imposition foncière en recouvrement, plus de
deux millions à percevoir sur la vente forcée,
des biens nationaux, et 1,500,000 liv. en ac-
tions de Lucedio dans les caisses. C'est avec ces
fonds, que la commission exécutive a laissés
derrière elle, que l'administration générale,
établie par l'arrêté des consuls du 12 germinal
an IX, a soutenu le service jusqu'à la fin de
l'année, et pendant les premiers mois de l'an X.
Ils ont été bien précieux et bien nécessaires ;
car l'ordre administratif, conforme à celui de
l'intérieur, qui n'a été organisé qu'au commencement de cette dernière année, n'a com-
mencé à produire quelque chose qu'à la fin du
premier trimestre.

Un ordre de choses aussi satisfaisant, à l'é-
poque où la commission exécutive a cessé
d'exister, a été la suite nécessaire du système
qu'elle avoit adopté, et qu'elle a constamment
suivi, de ne jamais anticiper sur les fonds à
venir, et de faire toujours le service avec les
fonds courans.

La commission exécutive, tout en assurant

tous les services par des mesures administratives sagement combinées , ne perdoit pas de
vue l'organisation politique et civile du pays :
elle a d'abord placé dans les emplois des hommes environnés de la confiance publique , et
qui avoient donné des preuves non équivoques
de leur attachement au gouvernement français.
Etant persuadée même qu'elle trouveroit un
gage suffisant d'exactitude dans le service par-
tout où elle rencontreroit des lumières et de la
probité , et voulant couvrir du plus parfait
oubli le passé, elle a fait un appel à plusieurs
parmi ceux qui s'étoient montrés le plus opposés au nouvel ordre de choses; mais le sort
politique du pays n'étant pas encore décidé à
leurs yeux , et craignant peut-être de se com-
promettre , ces derniers se sont constamment
refusés aux propositions qu'on leur faisoit.
Elle a constamment cherché à persuader aux
républicains aigris par de trop longs malheurs
que les principes mêmes qu'ils avoient adop-
tés commandoient l'oubli du passé; et qu'il
étoit bien plus grand de pardonner que de se
venger sur un ennemi impuissant. Elle a com-
primé les libellistes qu'un zèle trop ardent
poussoit au delà des bornes de la prudence.

Elle n'a jamais proposé ni adopté aucune mesure qui ne fût digne d'un gouvernement sage
et paternel. Elle a si bien réussi dans ses vues,
que, dans un pays qui venoit de sortir, il n'y
avoit que trois mois, d'un état extrêmement
violent, il ne s'est pas commis un seul acte
qui pût rappeler une époque qui devoit
être oubliée. L'histoire remarquera peut-être
avec étonnement la conduite grande et géné-
reuse des Subalpins amis de la liberté ; elle
dira que les mots d'*action* et de *réaction*, et
tant d'autres, qui marquent des époques fu-
nestes à l'humanité, ont été inconnus parmi
nous.

Un des objets dont la commission exécutive
s'est occupée avec plus de sollicitude, a été
de procurer une honnête subsistance à tant
d'ecclésiastiques, tant réguliers que séculiers,
qui étoient réduits à la plus affreuse misère,
parce qu'ils avoient été privés de leurs biens
en exécution des lois précédentes sur l'aliéna-
tion des biens du clergé. Elle publia en conséquence la loi du 5 pluviose, qui leur a accordé
un nombre déterminé de journaux de terre, ou
des pensions également assurées sur le produit

de certains biens nationaux à cela spécialement affectés. Ces honnêtes ecclésiastiques, dont plusieurs étoient déjà parvenus à un âge fort avancé, se rappelleront sans doute avec reconnoissance de l'intérêt que leur situation a inspiré aux membres de la commission exécutive.

Je ne m'étendrai pas davantage sur les opérations de la commission exécutive, et du conseil qui lui étoit associé. On ne peut rien ajouter à ce que le citoyen Bossi en a dit dans son discours de clôture à la dernière séance du conseil de l'administration générale. Le discours du citoyen Bossi, plein d'une noble sensibilité, est un tableau fidèle de tout ce que cette commission a fait, et de l'esprit qui a constamment dirigé ses membres dans l'exercice de leurs fonctions. Vous avez d'ailleurs été témoins de leurs efforts ; vous avez toujours été présent à leurs délibérations, et présidé à leurs travaux. Vous les avez souvent éclairés de vos utiles conseils, et soutenu leur courage dans les momens les plus difficiles. Forts de votre confiance, et de celle que le gouvernement a bien voulu nous accorder,

nous n'avons craint aucun obstacle : nous
avons secondé de tous nos moyens ses intentions bienfaisantes à l'égard du pays qui
nous a vu naître. La place importante dont
il nous a honorés auprès de vous, par son
arrêté du 12 germinal an IX, est une preuve
bien précieuse qu'il a été content de nos
efforts. L'ordre de choses, qui est actuellement
établi en Piémont, qui deviendra sous peu de
temps définitif, et qui fera, nous n'en doutons
point, son bonheur et sa gloire, sera toujours
pour nous, qui l'avons appelé par nos vœux
depuis long-temps, une véritable satisfaction.

L'arrêté du 12 germinal a établi en Piémont
une administration générale : elle s'est occupée
d'abord de la division du territoire en six départemens.

Le pays d'Oneille, qui faisoit partie du département de la Sture, en a été séparé quelques
jours après par un arrêté du gouvernement,
qui l'a réuni à la république ligurienne.

Nous avons été chargés particulièrement, en
qualité de membres du conseil de l'administration générale, de vous désigner des citoyens

propres à remplir les places que la nouvelle
organisation venoit d'établir. Vous avez vu que,
dans les propositions que nous vous avons
faites à cet égard , nous n'avons eu en vue que
de bien remplir les intentions du gouvernement. Nous avons appelé aux nouveaux emplois des citoyens considérés dans le pays ,
et vraiment distingués par leurs talens, et
leur exacte probité : nous espérons , en général, qu'ils rempliront dignement la tâche qui
leur est imposée , et qu'ils se rendront toujours de plus en plus dignes de la confiance
du gouvernement.

Mais il ne m'appartient pas de parler des
opérations de l'administration générale à celui
qui en a été l'auteur : les résultats en sont con-
nus ; et lorsque le temps , la paix , et l'assiette
définitive du pays auront calmé tous les es-
prits , il n'y aura certainement qu'une voix
unanime de reconnoissance sur les travaux
de celui qui a consacré ses momens au bonheur et à la prospérité des six nouveaux départemens de la République.

J'espère d'avoir l'honneur de vous présenter,

dans quinze jours, la carte géographique du pays, que vous avez désirée.

Recevez, citoyen Administrateur-général, avec bonté ces foibles marques de mon zèle, etc., etc.

J'ai l'honneur de vous saluer,

CHARLES BOTTA.

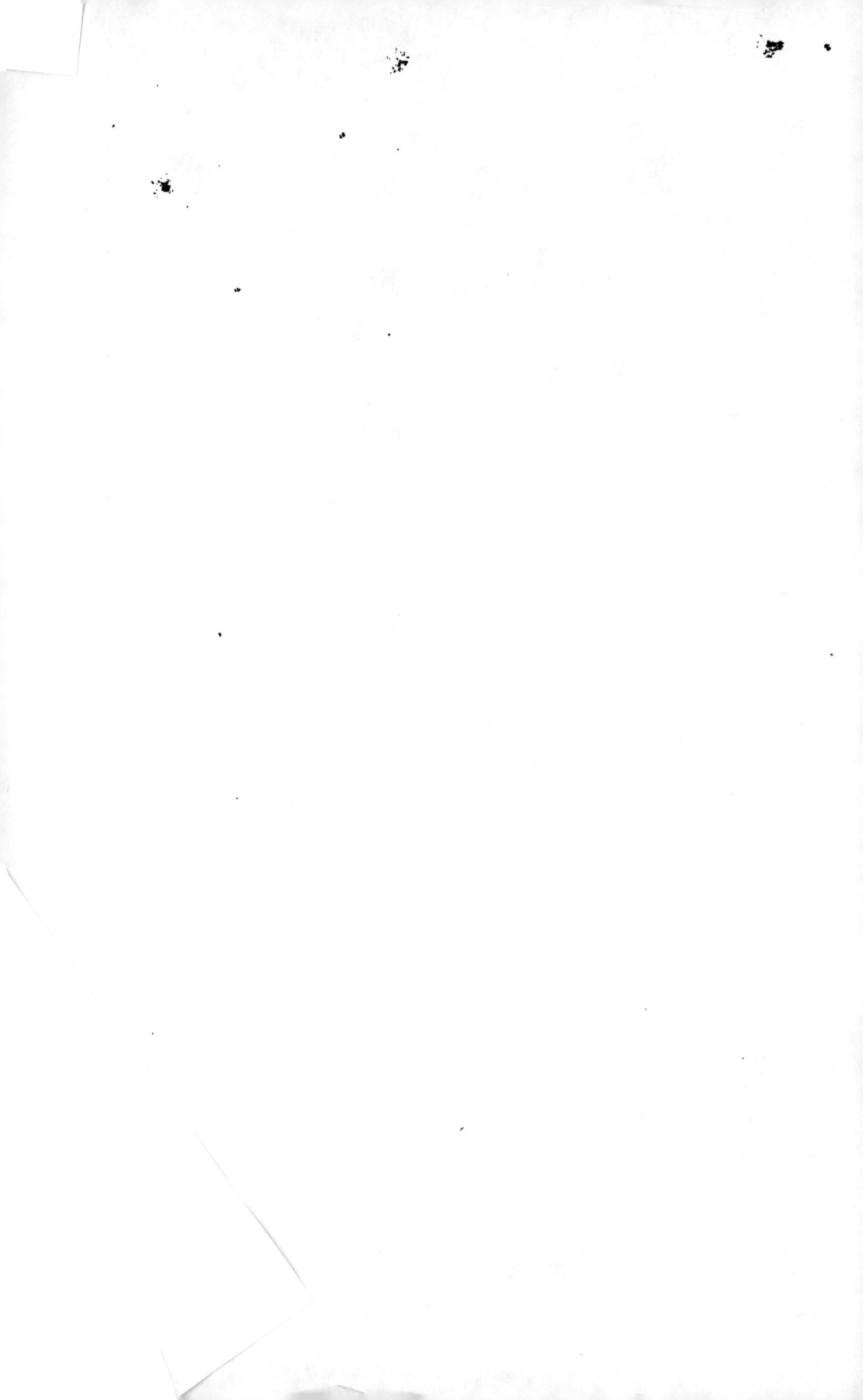